1. Auflage 2020

in der Verlagsgruppe MusketierVerlag GmbH, Bremen, Konsul Smidt Straße 92,

28217 Bremen www.musketierverlag.de

Designidee: Harald Glööckler

Cover: Christian Schmitt

Korrektorat: Dr. Werner Kurzawa, Frankfurt am Main

Satz: Christian Schmitt

Druck: Christian Theiss GmbH, Österreich

ISBN: 9783946635413

FAMOUS

by

HARALD GLÖÖCKLER®

MusketierVerlag

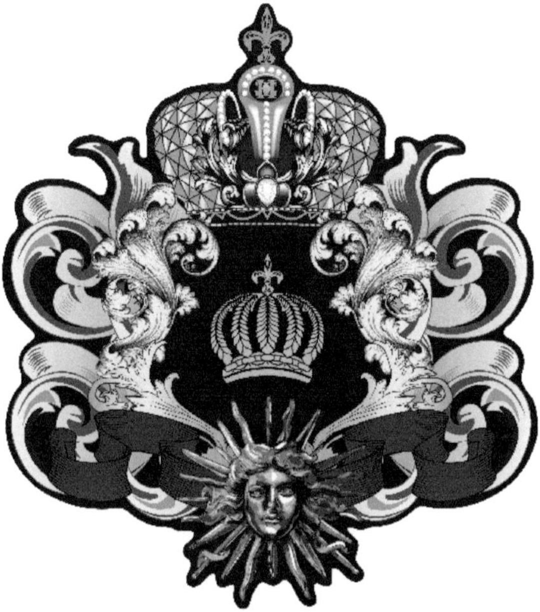

Inhaltsverzeichnis

HARALD GLÖÖCKLER®

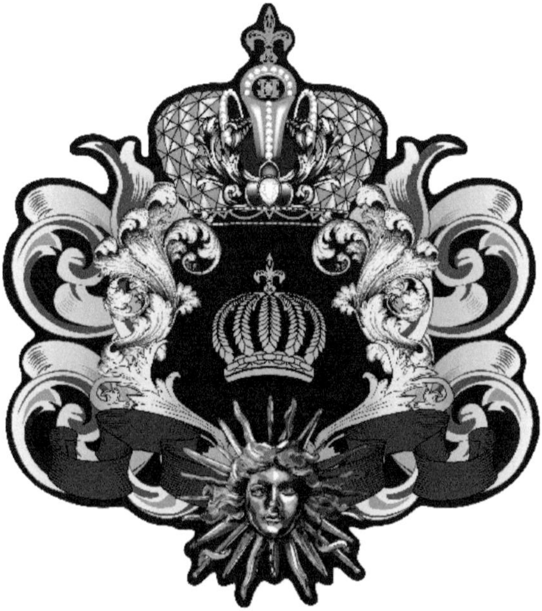

Einleitung

Mein Leben verläuft extrem strukturiert. Struktur und Disziplin halte ich für unerlässliche Werkzeuge, um das Schiff des Lebens durch die Tiefen und Untiefen, die Stürme des Lebens zu manövrieren. So stehe ich pünktlich morgens um 6 Uhr auf und begebe mich mit meinem kleinen, vierpfotigen Freund Billy King in den Garten, um zu meditieren.

Damit sind wir auch schon bei meinem ersten Tipp: Stehe rechtzeitig auf, damit du genügend Muße findest, um dich in den Tag zu begeben. Der frühe Morgen ist unvergleichlich, denn er verbreitet noch eine wohltuende, geradezu himmlische Ruhe. Die eigentliche Hektik des Tages beginnt so gegen 8 Uhr, wenn die meisten Menschen sich ins Getümmel begeben. Während ich so eines Morgens wieder in meinem Garten saß und einen Blick auf Instagram warf, stellte ich mir die Frage, woher wohl heutzutage dieser Drang kommt, berühmt, wichtig, eine so genannte Very Important Person, also VIP, Fame zu sein. Es scheint in unseren Tagen nichts Erstrebenswerteres zu geben, als berühmt zu sein.

Dieser Wunsch beherrscht manche Mitmenschen offensichtlich so stark, dass sie nicht nur alles Mögliche tun, um ihn zu verwirklichen. Nicht wenige mit einer oft falschen Selbsteinschätzung und Selbstüberschätzung sind sogar bereit, dafür ihre Mitmenschen regelrecht hinters Licht zu führen.

Grundsätzlich ist sicher nichts dagegen zu sagen, mehr werden zu wollen, als man momentan ist. Es wird nur problematisch, wenn man denkt, man sei wichtiger, berühmter, großartiger als andere, diese Vorstellung aber jeder Grundlage entbehrt. Alles in der Natur strebt nach Besserem, Höherem, und so ist auch der Wunsch des Menschen, mehr zu werden, der Welt seine Großartigkeit zu zeigen, naturgegeben. Allerdings geschieht nichts ohne ein Zutun. Und nur zu behaupten, man sei berühmt, reicht auf keinen Fall aus – man muss vielmehr daran arbeiten.

Doch wie wird man berühmt?

Es gibt über alles Ratgeber. Allerdings findet sich meiner Beobachtung nach nichts wirklich Fundiertes an Büchern, die das Thema, berühmt sein zu wollen, und den Weg, es zu werden, nachhaltig beleuchten. Also habe ich mich kurzerhand entschlossen, ein solches Buch zu verfassen. Denn wenn jemand dafür prädestiniert ist, dann wohl ich. Zudem beantworte ich damit die unzähligen Fragen gerade junger Menschen an mich, wie man es denn schaffe, so bekannt zu werden. Entstanden ist ein Buch, das sowohl die Sonnenseite als auch die Schattenseiten des »Berühmtseins« beleuchtet.

Auf was muss ich verzichten, welche Opfer bringen? Kann jeder berühmt werden? Brauche ich dazu vielleicht eine besondere Begabung?

Diesen Fragen und noch viel mehr werden wir in diesem Buch auf den Grund gehen. Ja: wir! Denn ich lade dich ein, mich dabei in meinen Gedanken zu begleiten und biete dir im Rahmen dieses Buches ganz bewusst das »Du« an. Das schafft Nähe und Vertrautheit. Ich bin also bereit für eine gemeinsame Expedition in die Welt des schönen Scheins. Lass uns entdecken, was dahintersteckt, berühmt zu werden, berühmt zu sein und das Schwierigste – es auch auf die Dauer zu bleiben!

Kirchheim a. d. Weinstraße
Harald Glööckler

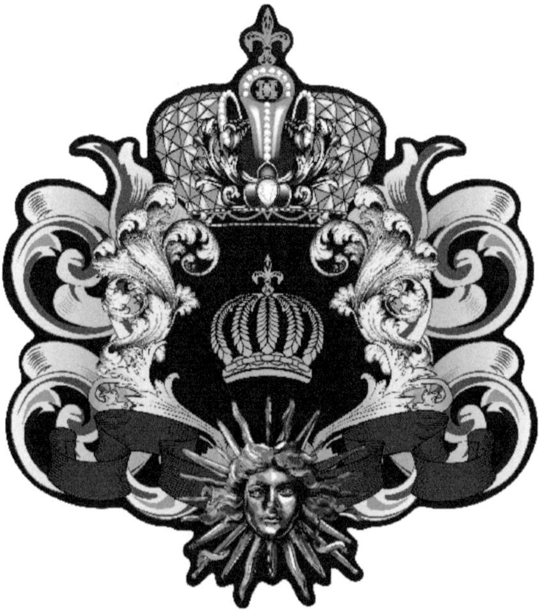

Die Leute sind gar nicht so dumm,

wie wir sie durchs Fernsehen machen werden.

HansJoachim Kulenkampff

Wie definierst du »berühmt«?

Wie definierst du »berühmt sein«? Wenn du damit ein Leben in Reichtum und Überfluss verbindest, die Öffentlichkeit, das Leben auf einem Präsentierteller aber eher verabscheust, dann solltest du schauen, dass du reich wirst, aber nicht zwingend berühmt.

Im Übrigen gilt: Berühmt sein und reich sein sind zwei unterschiedliche Paar Schuhe. Es gibt unzählige Beispiele von Menschen, die berühmt und dennoch bettelarm sind, aber auch Menschen, die reich und völlig unbekannt sind und ein zurückgezogenes Leben führen. Deshalb studiere alles, was du in die Finger bekommst über das Leben reicher und berühmter Menschen, um dir ein klares Bild darüber machen zu können. Wir leben in einer Epoche, in welcher der Drang, gesehen, bemerkt zu werden und Aufmerksamkeit zu erhalten, teilweise abstruse Formen annimmt. Grundsätzlich ist zwar nichts dagegen zu sagen, wenn jemand aus der Masse heraustreten und ein besseres Leben führen möchte. Im Gegenteil: Wer ein bestimmtes Talent hat, sollte es zu mehren versuchen. Zum Wollen gehört jedoch auch immer das Können. Denn wollen wollen viele, können bedeutend weniger. Um also berühmt zu werden – die genauere Definition dafür lassen wir zunächst noch einmal offen –, sollte man etwas repräsentieren, ausstrahlen, besitzen, was über das Mittelmaß hinausgeht.

Ich bin immer wieder erstaunt, dass es Menschen gibt, deren vorherrschende Meinung über mich ist, ich würde einen Großteil meines Daseins Champagner schlürfend im brokatenen Morgenmantel durch mein Chateau schlendern, auf einen Geistesblitz wartend, der mir eine großartig inspirierende Eingebung schenkt. Dieser abstruse Gedanke, als Prominenter würde man, wenn man nicht gerade Cocktails trinkend am hauseigenen Pool liegt, lässig in einem Privatjet durch die Lüfte schweben und von einer Party zur nächsten eilen. Tatsächlich sind die meisten erfolgreichen Prominenten extrem fokussierte, disziplinierte Zeitgenossen, die ein Leben führen, das in der Regel einem sehr konkreten Plan folgt, dem sich alles andere unterzuordnen hat. Das Privatleben spielt für sie dabei häufig meistens eine eher nebensächliche Rolle.

Zunächst solltest du dir daher folgende alles entscheidenden Fragen stellen: »Was will ich eigentlich? Was meine ich damit, wenn ich sage, ich möchte berühmt werden? Und wie kann ich überhaupt wissen, dass ich berühmt werden will, wenn ich mich noch nicht einmal damit wirklich auseinandergesetzt habe, was es bedeutet, berühmt sein?«

Zuallererst solltest du dich deshalb fragen: Wie definiere ich »berühmt sein!«, was verstehe ich darunter? Gerne kannst du dazu auch den Rat des Kosmos einholen. Wir Menschen suchen immer nach Antworten bei uns selbst, in uns selbst, so hat man uns das von Kindheit an beigebracht. Es gibt jedoch einen besseren Weg! Wenn wir in uns selbst nach Antworten suchen und uns selbst die Antworten geben, blockieren wir unseren göttlichen Fluss. Denn der Kosmos darf uns erst helfen, wenn wir ihn darum bitten. Und dazu brauchen wir Fragen an den Kosmos und keine

Antworten, denn die Antworten oder sogar das fertige Resultat liefert nur er uns. Eine Antwort suchen ist wie eine Tür zuzuschlagen. Eine Frage stellen jedoch öffnet die Türen. Wir sind in Erwartung einer Antwort freudig gespannt darauf, etwas zu empfangen, wenn wir suchen, rennen wir hinter etwas her und agieren aus dem Mangel heraus.

Die Frage, der wir nun gemeinsam nachgehen wollen, lautet daher: Was will ich in Wirklichkeit, wenn ich berühmt werden möchte? Möchte ich im Scheinwerferlicht stehen, suche ich die Öffentlichkeit oder ist diese mir unangenehm, möchte ich nur bekannt oder bekannt und zugleich reich sein?

All dies muss dringend vorab geklärt werden. Es gibt Menschen, die sind berühmt, aber arm wie eine Kirchenmaus, andere sind berühmt für eine Erfindung oder eine andere große Tat, aber keiner kennt ihr Gesicht. Weitere sind berühmt und reich, und keiner kennt sie. Und wiederum andere sind berühmt, reich und jeder kennt ihr Gesicht. Achte dabei auch auf dein Bauchgefühl. Wenn du auf deine Fragen ein eher beklemmendes Gefühl in der Magengegend verspürst, solltest du darüber noch genauer nachdenken. Denn oftmals haben wir ein verzerrtes Bild von einer Situation und sehen nur das, was wir sehen wollen. Deshalb kannst du an den Kosmos auch die Frage stellen: Gibt es da etwas, das ich wissen sollte, das ich sehen sollte und bislang übersehen habe, vielleicht auch nicht sehen wollte oder dessen ich mir gar nicht bewusst war?

Es ist gerade in diesem noch frühen Stadium dei nes Wegs absolut notwendig, Menschen in irgendeiner Art und Weise zu erreichen, so dass diese ihren Fokus auf dich lenken! Ob man nun seine Umwelt fasziniert oder schockiert, ist erst einmal nebensächlich, denn beides hat ähnliche Auswirkungen, erzielt dieselben Resultate, wenngleich auch aus verschiedenen Richtungen. Ruhm hat viele Gesichter. Wenn du dich nun also entschieden hast, berühmt sein zu wollen, solltest du dir darüber klar werden, wie berühmt du werden willst, also das Ausmaß des Resultats genauer bestimmen. Ob der Drang, berühmt sein zu wollen, wirklich noch nie so groß war wie heutzutage, wage ich allerdings zu bezweifeln. Ich bin davon überzeugt, dass der Wunsch, aus der Masse aufzutauchen, ein besseres Leben führen zu können, schon im mer in der Menschheit verankert war. Es war jedoch niemals so einfach, sich öffentlich darzustellen, auf sich aufmerksam zu machen und ein Millionenpublikum zu erreichen, wie heute in Zeiten von Social Media. Und genau das ist deine Chance.

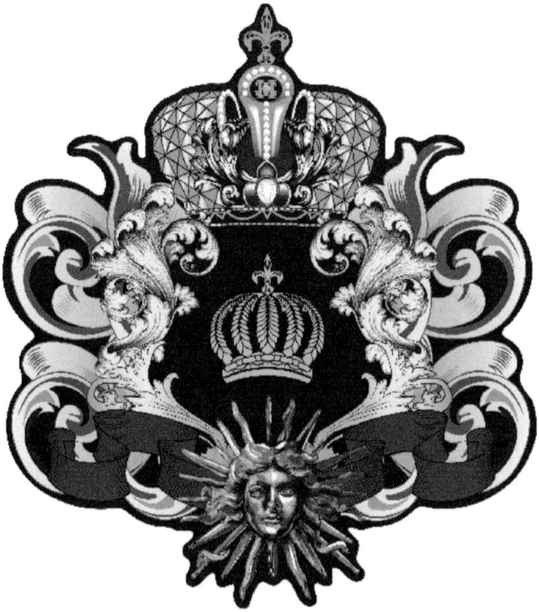

”

Die Berühmtheit mancher Zeitgenossen hängt mit

der Blödheit der Bewunderer zusammen.

“

Heiner Geißler

Berühmt! Aber bei wem?

Warum wollen Menschen berühmt sein, was versprechen sie sich davon? Was sind deine Vorstellungen und Erwartungen?

»Berühmt sein« ist ein sehr unbestimmter Begriff. Wir müssen also zunächst klären: Wann ist man überhaupt berühmt und wo oder bei wem ist man berühmt?

Ein Freund von mir ist ein wunderbarer Konditormeister. In einigen Kreisen ist er für seine besonders gute Apfeltorte berühmt. Die Tatsache, dass seine

Apfeltorte den Menschen mundet, verschafft ihm manche Vorteile: Er kann etwas, das andere sehr gerne mögen, aber nicht so gut können wie er, es aber gerne haben möchten. Dies verleiht ihm eine gewisse Macht, denn nur er kann entscheiden, wer in den Genuss seiner Apfeltorte kommt und wer eben nicht. Auch kann er eine Gegenleistung festlegen und diese von ihnen verlangen. Da die Menschen seine Apfeltorte haben wollen, werden sie ihm mit einer anderen Höflichkeit gegenübertreten, als wenn er ihnen nichts zu bieten hätte. Wir Menschen sind berechnend, und jemandem, der uns etwas Gutes tun kann, etwas, was wir vielleicht sogar lieben, werden wir höflicher gegenübertreten als einem, der uns nichts zu bieten hat. So öffnet die Apfeltorte und das damit verbundene besondere Talent als Konditor meinem Freund Türen, und es können sich Netzwerke und Seilschaften entwickeln.

Es gibt nun zwei Möglichkeiten für ihn: Entweder er gibt sich mit den Umständen, wie sie sind, zufrieden und genießt seine lokale Berühmtheit, oder aber er versucht, über seine regionalen Grenzen hinaus bekannt zu werden und sein Geschäft zu erweitern. Letzteres ist einfacher, als du auf den ersten Blick vielleicht denken magst. Denn jeder, der die Torte meines Freundes liebt, hat zumeist auch einen Bekannten oder Verwandten in näherer oder fernerer

Umgebung. Angenommen, du wärest ein solcher Konditor und lebtest in einem kleinen Ort bei Frankfurt und würdest für jemanden besagte Torte backen, der seine Verwandten in München besucht. Wenn die Torte wirklich so außergewöhnlich gut schmeckt, wie beschrieben, wird sie vermutlich auch in München für Entzücken sorgen. Man wird den Besucher aus Frankfurt vermutlich fragen, von wem sie stammt und wie man sie bekommen kann. Dann müsstest du als Hersteller der Torte einen Weg finden, wie du sie auch außerhalb deines gewohnten Radius vertreiben kannst. Doch es wird für dich in München bereits bedeu tend schwerer sein, mit deiner exzellenten Apfel torte als berühmt zu gelten, da man dich dort ja noch gar nicht kennt. Der Vorteil an deinem Heimatort ist, dass die Menschen dich kennen. Es kommt also auf zwei Faktoren an: Bekanntheit und Können! In München sind die Menschen zwar überzeugt von deinem Können. Aber sie kennen dich nicht. Das wiederum bedeutet, dass man unter Umständen zwar etwas besonders gut kann, damit aber nicht automatisch berühmt wird. Andersrum kann man allerdings auch berühmt sein, ohne etwas zu können. Wie also entsteht Berühmtheit? Berühmt ist offensichtlich dann jemand, wenn seine Mitmenschen ihn als berühmt einstufen: Je mehr Menschen davon überzeugt sind, dass man berühmt ist, desto berühmter ist man.

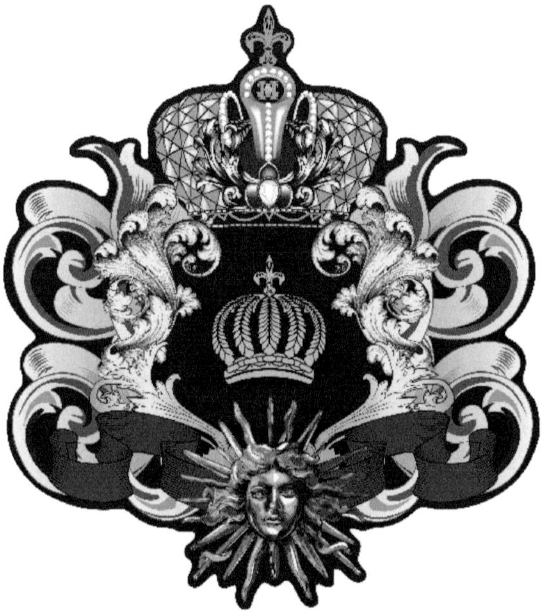

”

In Zukunft wird jeder für 15 Minuten berühmt sein.

“

Andy Warhol

Wie werde ich berühmt?

Wie werde ich berühmt? Das ist die Frage aller Fragen. Darauf gibt es aber keine allgemeingültige Antwort. Ich denke, man wird nicht be rühmt, man ist es. Es ist ein wenig wie mit meinen Tattoos. Mein Tätowierer sagte mir eines Tages, dass jeder das Tattoo bekäme, das er verdient hat.

Bei dem einen ist es ein Teil seiner selbst, das oder die Tattoos fügen sich wie selbstverständlich in das Gesamtbild der Person ein und unterstreichen oder ergänzen seine Persönlichkeit. Bei anderen wirken sie aufgesetzt und fremd, ja mitunter geradezu abstoßend und asozial. Also stelle dir und dem Kosmos die Frage: Wer bin ich und wer möchte ich werden? Es steht quasi erst einmal eine Bestandsaufnahme ins

Haus, um festzustellen, an welchem Punkt man sich aktuell genau befindet und an welchen man gelangen möchte.

Ja, ich sehe schon: Jetzt beginnt es bereits für den einen oder anderen von euch schwieriger, anstrengender zu werden, als ihr euch das auf eurem Weg zur Berühmtheit vorgestellt habt. Aber es ist eben nicht damit getan, einfach mal eben einen Geist aus der Flasche zu locken, um den Wunsch erfüllt zu bekommen, oder eben mal mit den Fingern zu schnipsen – und Hokuspokus ist man berühmt. So läuft es nicht.

Es ist zwar wahr: Jeder kann auch berühmt werden, wenn er den Samen dafür in sich trägt. Damit dieser jedoch zu einer großen Pflanze werden und gedeihen kann, um Früchte zu tragen, muss er gehegt und gepflegt werden. Wie werde ich berühmt? Das ist die Frage, die sich vielleicht Abermillionen von Menschen stellen. Viele behaupten, sie würden alles dafür tun. Wenn du dann allerdings genauer nachhakst, wirst du schnell feststellen, dass »alles« in diesem Fall offensichtlich ein sehr weiter Begriff ist. In Zeiten von Social Media scheint es leicht zu sein, berühmt zu werden. Würde man allein schon durch Leistung berühmt, durch herausragende Leistung, dann wäre quasi die ganze Welt berühmt. Denn es gibt unzählige talentierte Menschen, wahre Genies, die irgendetwas in überragender Weise beherrschen und trotzdem über das Mittelmaß nicht hinauskommen. Woran kann das liegen?

Menschen haben den Wunsch, einzigartig zu sein, das Bedürfnis, wertgeschätzt zu werden und Anerkennung zu finden. Andererseits aber will jeder auch irgendwo dazugehören, Mitglied einer Grup pe sein – sei es der Familie oder des Sportclubs.
Wenn du dazugehören willst, musst du dich allerdings der Gruppe anpassen. Zu viel Eigenwilligkeit und Exzentrik sind hierbei nicht erwünscht, ja kontraproduktiv. Normalität ist dann das Zauberwort. Wenn man aber von jemandem sagt, er sei so wunderbar normal – ist das dann positiv oder eher negativ zu bewerten?

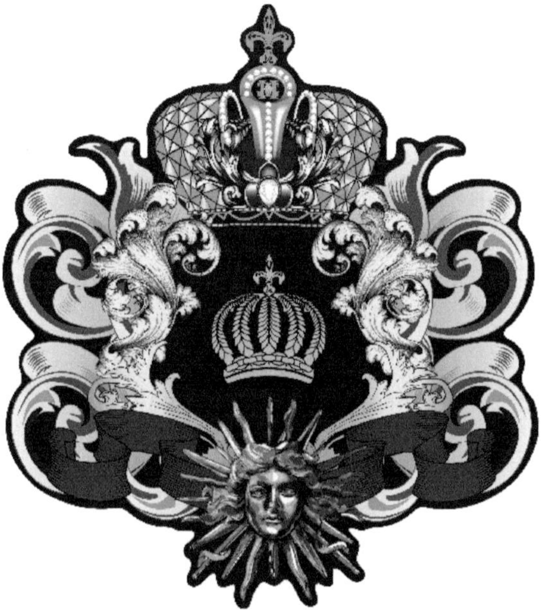

”

Die Normalität ist eine gepflasterte Straße, man kann gut darauf gehen – doch es wachsen keine Blumen auf ihr.

“

Vincent Willem van Gogh

»Normal« ist »Abnormal«

Normal als Tatsache gibt es nicht. Normal zu sein ist also kein wirklich nachweisbarer, bestehender oder anerkannter Zustand. Normalität ist eine Frage von Messwerten, statistischen Vorkommnissen, Gepflogenheiten. Sie ist aber auch eine nach allgemeingültigen Vorschriften, persönlichen Vorstellungen und Werten.

»Das ist doch nicht normal!« Mit der größten Überzeugung erklären wir im Alltag Dinge für normal oder unnormal. Doch wenn man genau er nachhakt, was jemand darunter versteht, bekommt man nicht selten die Antwort: »Normal eben!«

Ein Wort offenbar, dessen Sinn und Bedeutung jeder letztendlich für sich selbst auslegt. Normalität schließt Menschen ein und grenzt sie ebenso aus. Grundsätzlich könnte man vielleicht wünschen, dass alles, was anders ist, nicht der Norm entspricht, sich ändern, normal werden sollte. Doch wer will das bestimmen, wo es keine allgemeingültige Definition dafür gibt?

Einerseits ist Normalität etwas, woran sich jeder von uns irgendwann in seinem Leben orientiert. Andererseits wollen wir alle als etwas »Besonderes« wahrgenommen werden. Was jedoch »normal« daherkommt, kann nichts Besonderes sein, und etwas »Besonderes« kann unmöglich normal sein, denn ansonsten wäre es ja eben nichts »Besonderes«. Das Besondere kommt niemals normal daher. In Wirklichkeit streben wir alle – wie der ganze Kosmos und wie alles in der Schöpfung – nach Höherem und Besserem. Wir wollen schöner, besser, reicher und individueller sein als andere. Schuld sind ja auch meistens die anderen, selten man selbst. Doch woher kommt diese unverhältnismäßige und unbegründete Angst, von genau diesen »Anderen« nicht genügend akzeptiert und wertgeschätzt, sondern ausgegrenzt zu werden? »Der ist doch verrückt« ist wohl das Schlimmste, was man über dich sagen kann. Es ist wie ein Todesstoß. Woran mag das liegen? Weil wir unbedingt dazugehören, nicht ausgegrenzt, sondern dabei sein wollen. Am liebsten als Schaf in der Herde leben, da wir Angst haben, allein nicht existieren zu kön nen, den Feinden schutzlos ausgeliefert zu sein, vom Wolf gefressen zu werden. Wenn du berühmt werden willst, musst du dein Leben als Schaf unbedingt beenden! Du musst sterben, alles hinter dir lassen und als Einzelgänger, selbst als Wolf wiedergeboren werden! Denn berühmt sein heißt: allein zu sein, schutzlos und frei durchs Leben zu ziehen! Und ich sage dir aus meiner eigenen Erfahrung: Es ist zwar nicht immer einfach und auch mit manchen Enttäuschungen verbunden – aber letztlich das Beste, was man für sich und für andere tun kann.

Wer berühmt sein will, muss seinen eigenen Weg suchen und finden und dann sein Revier abstecken und verteidigen. Er kann und darf nicht mehr der Herde und deren Beschränkungen folgen.

Für mich ist es seit vielen Jahren normal, etwas Besonderes zu sein. Für mich ist es normal, anders zu sein. Für mich ist es normal, erfolgreich zu sein. Für mich ist es normal, auf Unverständnis und Verständnis zu stoßen. Für mich ist es normal, reich zu sein. Für mich ist es normal, mehr zu arbeiten als viele andere. Für mich ist es normal, Schwierigkeiten nicht als Probleme aufzufassen, sondern als Herausforderungen – und Lösungen dafür umzusetzen. Für mich ist es normal, neue, kreative Wege zu gehen. Für mich ist es normal, Dinge anders zu machen. Für mich ist es normal, mir selbst zu genügen. Wenn du berühmt werden willst, solltest du alle Konventionen über Bord werfen. Dich darin üben, außergewöhnlich, unangepasst, selbstbewusst, dir selbst bewusst zu sein und einmalig zu werden – mit besonderem Augenmerk auf das Spezielle, Außergewöhnliche, Einmalige. Ein jeder möchte wichtig sein, Somebody statt Nobody, eben Fame sein, bewundert, geachtet und wertgeschätzt werden. So versuchen viele mit fast jedem zur Verfügung stehenden Mittel, die Aufmerksamkeit von Mitmenschen auf sich zu ziehen. Dabei solltest du allerdings nie übersehen, dass es auch negative Seiten einer solchen Einzigartigkeit gibt. Denn entgegen dem weitverbreiteten Glauben, dass Einzigartigkeit per se erstrebenswert ist, gibt es durchaus Vorteile, ein eher durchschnittliches Leben zu führen. Eigentlich gibt es ja auch gar keine durchschnittlichen Menschen, denn von Natur aus sind wir alle jeder für sich einmalig. Tatsächlich ist unsere Welt das, wofür wir sie halten, denn in Wirklichkeit ist das, was wir wahrnehmen, gar nicht real, sondern eine Projektion unserer Emotionen, Gefühle, Gedanken und Empfindungen: Wir projizieren unsere Wirklichkeit gleich einer Kamera, die einen Film auf eine weiße Leinwand wirft. Sind wir in Hochstimmung und es tanzt uns ein Schmetterling um die Nase herum, erfreuen wir uns an ihm und empfinden ihn als höchst wundervolles Wesen. Stecken wir jedoch in einem seelischen Tief, reagieren wir häufig gereizt und genervt und betrachten den Schmetterling als störend.

Die Welt, wie wir sie kennen, wie diese uns vermittelt wurde und wir sie wahrnehmen, ist für durchschnittliche Menschen geschaffen. Denn wenn jeder Mensch in irgendeinem Extrem aus der Reihe tanzen, ohne Rücksicht auf Verluste sein eigenes Ding durchziehen würde, könnte unsere Gesellschaft in der Art und Weise, wie sie momentan existiert mit all ihren Gepflogenheiten, Regularien, Bestimmungen, Gesetzen und Einschränkungen nicht funktionieren. Erstaunlicherweise halten sich viele unserer Zeitgenossen einerseits für alles andere als durchschnittlich, sondern betrachten sich einer Elite zugehörig, unterwerfen sich andererseits aus Angst vor Ausgrenzung aber zugleich ganz devot jeder Obrigkeit.

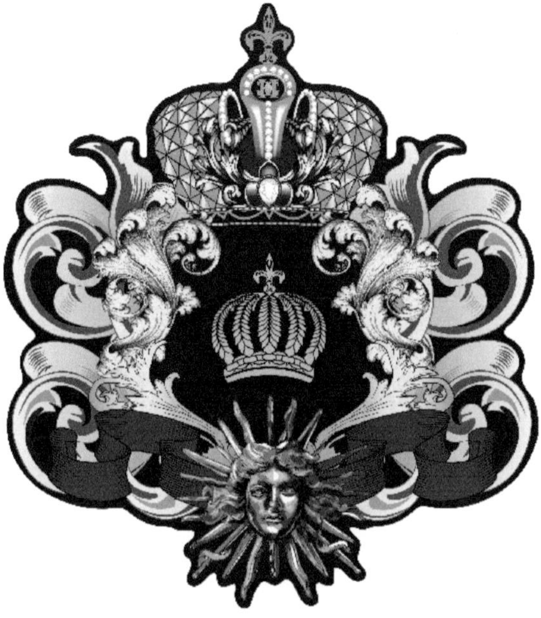

„

Die Mittelmäßigkeit pflegt alles zu verurteilen, was ihren Horizont übersteigt.

"

François VI., Herzog de La Rochefoucauld

Mittelmaß

Viele psychische Leiden sind auf den Drang von Menschen zurückzuführen, etwas Bestimmtes sein oder besondere Ziele erreichen zu wollen. Wissenschaftler haben festgestellt, dass durchschnittlich lebende Menschen weitaus seltener an Depressionen oder anderen seelischen Beschwerden erkranken. Denn auch die eigentlich als positiv geltenden Charakterzüge wie Ehrgeiz, Geselligkeit, Selbstvertrauen und Gewissenhaftigkeit können, wenn sie in einem unguten Verhältnis zu einem selbst stehend gelebt werden, durch aus zum gesundheitlichen Problem werden. Zweifelsohne wird der Fortschritt einer Zivilisation, einer Gesellschaft ganz wesentlich durch Menschen geprägt, die außergewöhnlich sind oder Außergewöhnliches leisten. Doch lassen wir die Kirche im Dorf, sie machen vielleicht ein Prozent aller Menschen aus. Ihre prädestinierte Stellung verdanken sie einer Kombination aus außergewöhnlichem Wissen oder Talent, manchmal aber auch dem reinen Zufall, zum richtigen Zeitpunkt am richtigen Ort zu sein oder die richtigen Menschen zu treffen. Dies bedeutet im Umkehr schluss, dass die übrigen 99 Prozent eher durchschnittliche Menschen sind. Du solltest also auf deinem Weg, bekannt und berühmt zu werden, die Dinge so sehen, wie sie sind, anstatt einem unrealistischen Selbstkonzept aus Illusion und Größenwahn nachzujagen. Was jedoch eben nicht bedeutet, dass du, wenn du schon nicht als sogenanntes Wunderkind geboren wurdest, dich deshalb mit dem Mittelmaß abfinden musst. Im Gegenteil. Wenn du erst einmal eine gewissenhafte, realistische Bestandsaufnahme gemacht hast, dich so siehst und annimmst, wie du wirklich bist – mit all deinen Eigenheiten, Vorzügen und auch Schwächen –, dann hast du eine sehr gute Basis dafür, dir einen genauen Plan zu erarbeiten, wohin du willst und wie der Weg dahin genauer aussehen soll.

Die Welt ist voller Menschen, die ihr mittelmäßiges Talent in höchstem Maße perfektioniert und ihre Unzulänglichkeiten durch andere Attribute so ausgeglichen haben, dass sie weit aus der Masse hervortraten. Derartige Zeitgenossen, die Außergewöhnliches leisten, sich immer wieder für die Gesellschaft stark machen und aktiv einbringen, werden zu Recht von ihren Mitmenschen bewundert und verehrt. Und genau dies ist der Knackpunkt: Berühmt ist man eben nicht, wenn man sich selbst dafür hält, sondern vielmehr, wenn eine Vielzahl von Menschen dich so wahrnehmen. Du wirst meinen Ausführungen in diesem Buch entnehmen, dass es sehr viele Wege zum Ruhm gibt. Einer der besten ist, ein Talent, das du vielleicht besitzt, intensiv zu fördern. Worin es besteht, solltest du zuallererst herauszufinden versuchen. Stell dir dazu gern eine aussagekräftige Liste zusammen, oder frage auch hier den Kosmos: Welches Talent schlummert in mir, dessen ich mir womöglich noch gar nicht bewusst bin, womit ich der Allgemeinheit dienen und das meine Großartigkeit zum Ausdruck bringen könnte – etwas, das vielleicht nur ich besitze und das mein Leben und das vieler anderer im wahrsten Sinne des Wortes beflügeln, ja glücklicher machen könnte?

Wenn du dann ein solches Talent an dir entdeckt hast, solltest du einen Plan machen, wie du es intensiv fördern und es in der Öffentlichkeit bei möglichst vielen Menschen bekannt machen kannst. Es ist dabei wichtig, die einzelnen Schritte auch zum richtigen Zeitpunkt zu tun. Ist man zu früh und eine Pflanze noch zu schwach, wenn wir sie präsentieren, besteht die Gefahr, dass sie nicht gedeiht. Beachten wir sie zu spät, so haben andere deren Früchte womöglich bereits geerntet oder sie sind vielleicht schon verdorben. Zudem musst du lernen, dein neu entdecktes Talent bestmöglich zu verkaufen! Sei dir im Klaren darüber, dass in den meisten Fällen sehr viel Arbeit nötig ist, um berühmt zu werden und es zu bleiben. Wenn du nicht bereit bist, dafür dein bisheriges Leben aufzugeben, es manchmal sogar auf den Kopf stellen zu müssen, hart dafür zu arbeiten und große Opfer zu bringen, könnte das alles der falsche Weg für dich sein. Mach dir das klar, und sei ehrlich zu dir. Und vor allem: Mach dir nichts vor!

Allerdings gilt auch: Wenn einem das Zeug dazu fehlt, Menschen wirklich zu faszinieren, man keine gute Ausstrahlung hat und den Samen dafür nicht in sich trägt, ist es häufig sehr schwer, dass das alles gelingt. Auf der einen Seite steht die künstlerische Selbstverwirklichung, die im mer wieder eine große Kompromisslosigkeit von dir verlangt. Auf der anderen Seite musst du aber stets darauf achten, deine Mitmenschen nicht allzu sehr vor den Kopf zu stoßen und zu verärgern. Damit fordert man nur unnötig Neid und Missgunst heraus, die dir völlig unnötigerweise das Leben schwermachen und den erwünschten Erfolg bremsen oder sogar verhindern könnten.

Die meisten sehen auch eher Positives, Sympathisches darin, wenn Menschen nur ein durchschnittliches Dasein führen.

Bescheidenheit gilt in unserer Gesellschaft als eine Zier, als wohlerzogen, angenehm, freundlich und vornehm. Mit nichts schneller bringt man Menschen wie wildgewordene Hunde in Rage, als wenn man ihnen direkt und selbstbewusst vermittelt, dass man sich selbst für etwas Besonderes hält. Das hat nicht zuletzt damit zu tun, dass Menschen mit einem starken Selbstbewusstsein solche mit einem Mangel daran sehr verunsichern, was nicht selten zu Neid, Missgunst und offener Aggression führen kann. Diejenigen, die von Natur aus besonders bequem, phlegmatisch, untalentiert, mit sich in ihrem Leben dann zwangsläufig auch sehr unzufrieden sind, entwickeln es mitunter sogar zu einem Sport, erfolgreiche Menschen zu verurteilen und massiv zu verunglimpfen. Zudem gibt es Menschen, die von Natur aus missgünstig sind. Das ist eben ihr Karma, ihre selbstgewählte Bestimmung, und sie sind sehr gut darin, besonders bösartig und verletzend zu sein. Wer etwas gut kann, wird es immer wieder tun, denn schließlich hat er ja großen Erfolg damit, und es macht ihn zufrieden. Ich selbst habe längst damit aufgehört, Menschen überhaupt zu werten – so nach dem Motto: Der ist gut und der ist böse. Oder zu hinterfragen, wieso Menschen so handeln, wie sie es tun. Das ist für mich eine sehr empfehlenswerte Haltung, denn ich gehe somit erst gar nicht in eine Wertung und entsprechende Resonanz dazu. Wenn wir in eine Wertung gehen und Menschen beurteilen, begeben wir uns in die Energie dieser Menschen und damit gewissermaßen in deren Fänge. Wenn wir alles dagegen als Ausdruck einer von vielen möglichen Möglichkeiten betrachten, sind wir frei und das Gegenüber hat keinen Zugriff auf uns. Wenn wir auf diese Weise gewappnet sind, führen die Angriffe dieser Menschen gegen uns zwangsläufig ins Leere. Ich rate dir dazu, auf deinem Weg zur eigenen Berühmtheit eine ähnliche Haltung einzunehmen: Sie schützt dich bis tief ins Innere deiner Seele hinein, macht dich stark und ist eine wichtige Voraussetzung dafür, dass dein Plan gelingt und du damit auch langfristig wirklich Erfolg haben kannst.

Mach' das, was du liebst, mit ganzem Herzen, dann kommt der Rest von selbst.

Kathy Kelly

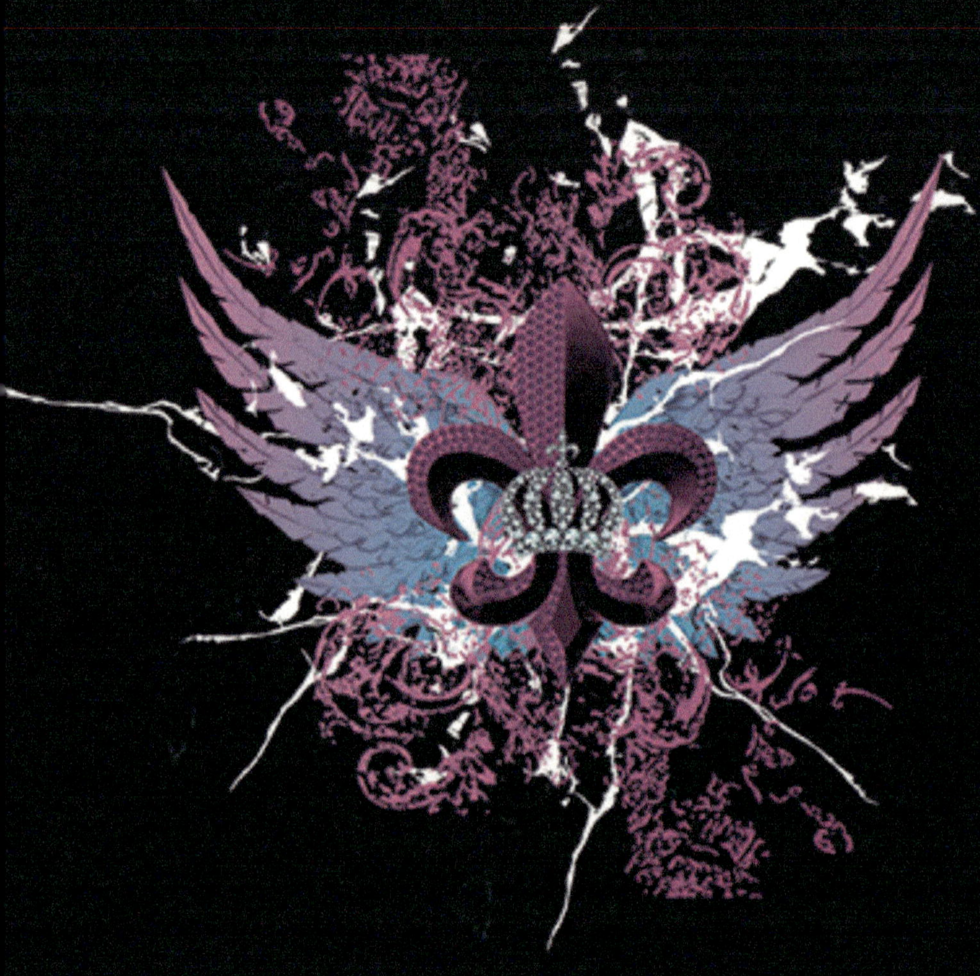

»

Wer andere kleiner machen muss, um selber größer zu wirken,

wird immer klein bleiben.

«

Hermann Lahm

Lass dich nicht kleinmachen!

Wenn erfolglose Menschen etwas besonders gut können, dann ist es, andere abzuqualifizieren, abzuurteilen, kleinzureden, kleinzumachen – ihnen das Gefühl zu geben, unwichtig, unzulänglich, ein Niemand zu sein.

Halte dich von solchen Menschen fern! Sie sind vergiftet mit dem Stachel des Neids, frönen oftmals der Faulheit und pflegen das Spinnen von Intrigen und Skandalen. Sie sind häufig nur Blender, treten dabei extrem selbstbewusst auf, loben ihre eigenen Fähigkeiten ins Unendliche, verstehen es perfekt, andere Menschen zu täuschen und diese glauben zu machen, man könne sich gerade auf ihr Urteil am ehesten verlassen. Diesen Typus Mensch findest du an allen Orten dieser Welt, und ich kann dir nur raten: halte dir diese Gattung vom Leib!

Wir sind von nichts in der Welt getrennt, sondern mit allem und jedem verbunden und nehmen dessen Energien auf. Egal ob Baum, Tier oder Mensch, wir spüren deren Energien, und die ihrigen kreuzen unsere. Man hat in Studien festgestellt, dass Pflanzen, die sich in der Umgebung von Wut, Hass und Zorn befinden, allmählich verkümmern und irgendwann sogar ganz einge hen. Wenn wir Menschen um uns herum in unserer weiteren oder näheren Umgebung dulden, dann werden diese uns mit ihren Gedanken, ihren Ansichten und ihren Schwingungen infiltrieren – gleich ob wir das wollen oder auch nicht. Die Handvoll Menschen, mit welchen du den Großteil deiner Zeit verbringst, beeinflussen in extremem Maß deine Entwicklung, dein Verhalten und Wesen. Meine Großmutter lehrte mich: »Zeige mir, mit wem du dich umgibst, und ich sage dir, wer du bist.« Willst du also Erfolg haben und berühmt werden, solltest du dich mit Menschen umgeben, die ähnliche große Ziele verfolgen und dieselbe Energie ausstrahlen, wie sie von dir ausgeht. Schau nach oben, nicht nach unten und lerne von den Besten!

Aber auch dich selbst solltest du prüfen, welche Glaubenssätze dein Leben bestimmen, welche Verhaltensregeln du dir angeeignet und von anderen übernommen hast. Vieles von dem, was uns ausmacht, ist fremdbestimmt, von Eltern und Dritten. Ungefiltert von uns übernommen, ist es mit der Zeit zu unserer eigenen Einstellung gegenüber der Welt und unseren Mitmenschen geworden. Was davon aber sind wir wirklich, entspricht unserem Wesen, und welche Eigenschaften sehen wir fälschlicherweise aus purer Gewohnheit und als die unsrigen an? Wir wurden mit bestem Wissen und Gewissen, oder man kann auch sagen, wider besseren Wissens, von unseren Eltern zu bestimmten Denkmustern und Lebensvorstellungen und einstellungen erzogen. Diese »Erkenntnisse aus dritter Hand« sollten wir unbedingt kritisch überprüfen, ob sie auch wirklich die unseren sind, uns dienen, das wiedergeben, was wir im Leben erwarten und uns wünschen. Manch einer stört sich vielleicht an dem Wort erwarten. Das ist auch so ein Thema in unserer Gesellschaft ...

Wir sind erzogen und geprägt durch Sprüche wie: »Im Leben wird einem nichts geschenkt!« »Man muss hart sein täglich Brot erarbeiten.« »Man bekommt im Leben nichts geschenkt, die Rechnung kommt letztendlich immer.« Mit einer solchen Einstellung trägt man eine schwere Last durchs eigene Leben.

Solcherlei Glaubenssätze sind letztlich mit schuld daran, dass unsere Welt das ge worden ist, was sie ist: eine Ellbogengesellschaft, ein Ort der Gier, der Berechnung und der Gleichgültigkeit. Wir haben verlernt oder man hat es uns abgewöhnt, einfach etwas anzunehmen, zu empfangen. Wenn du Musik hören willst aus dem Radio, musst du dein Gerät anstellen und die richtige Frequenz eingeben, um das gewünschte Programm zu erhalten. Keiner von uns zweifelt daran, dass dann auch das Gewünschte geliefert wird. Und genauso ist es mit dem Kosmos und dem Empfangen von Wundern und Glück, von Reichtum und allem, was wir uns wünschen.

Es ist alles für uns da – der Kosmos ist Überfluss, wir müssen es nur anfordern und annehmen. Was immer wir uns wünschen und fest daran glauben, dass es eintritt, wird geschehen. Wenn du nun überfordert bist, dich fragst, wie du herausfindest, welches deine ganz persönlichen Vorstellungen vom Leben sind und welche von Dritten auf dich übertragen beziehungsweise du von anderen übernommen hast, dann darfst du auch hierbei gerne den Kosmos direkt um Rat fragen: »Welcher Teil von mir bin ich selbst und welcher ist mir eher fremd und nur von Dritten übernommen? Alles was mir fremd ist, soll in Liebe und Dankbarkeit gehen.« Dies ist eine Maßnahme zur Reinigung und Klärung, die man regelmäßig durchführen sollte, da wir ständig neuen Ansichten von außen ausgesetzt sind und immer wieder davon infiltriert werden, sie einfach annehmen.

Ich kann dich nur einladen, diese Übung in regelmäßigen Abständen zu wiederholen. Du wirst überrascht sein, was für eine großartige Wirkung sie hat und welche sensationellen Veränderungen dadurch in dein Leben kommen. Denn wenn wir viele dieser uns fremden und oftmals blockieren den, in vielerlei Hinsicht uns eingrenzenden Glaubenssätze, Verhaltensweisen und Vorstellungen erst einmal loslassen, wird eine ungeheure Energie frei: Wir beginnen, Dinge, Situationen und Menschen anders wahrzunehmen, und haben fortan eine komplett andere Resonanz. Dadurch ziehen wir automatisch auch andere Menschen und Geschehnisse in unser Leben. Ebenso werden allerdings auch Menschen und Situationen, die nicht mehr zu unserer neuen Weltanschauung passen, gehen müssen. Wenn du erfolgreich sein willst, ist es also unerlässlich, dich immer wieder selbst zu hinterfragen. Und du musst bereit sein, alles loszulassen, was dich bislang ausgemacht hat. Dies ist in der Tat nicht immer einfach, da es häufig mit großen Veränderungen einhergeht, und es kann für dich verstörend und manchmal auch äußerst schmerzhaft sein. Aber es führt kein Weg daran vorbei, wenn du etwas Großes für dich und die Welt schaffen und berühmt werden willst. Du solltest dabei versuchen, so viele Menschen wie nur möglich als Freunde zu gewinnen, und darauf achten, möglichst niemanden mehr vor den Kopf zu stoßen. Mache sie zu deinen Freunden, zu deinen Unterstützern auf deinem Weg anstatt zu Feinden, die aus Missgunst, Neid oder eigenen Interessen deinen Erfolg nur verhindern wollen.

Berühmt sein ist

kein Schicksalsschlag.

Tanja Timmermanns

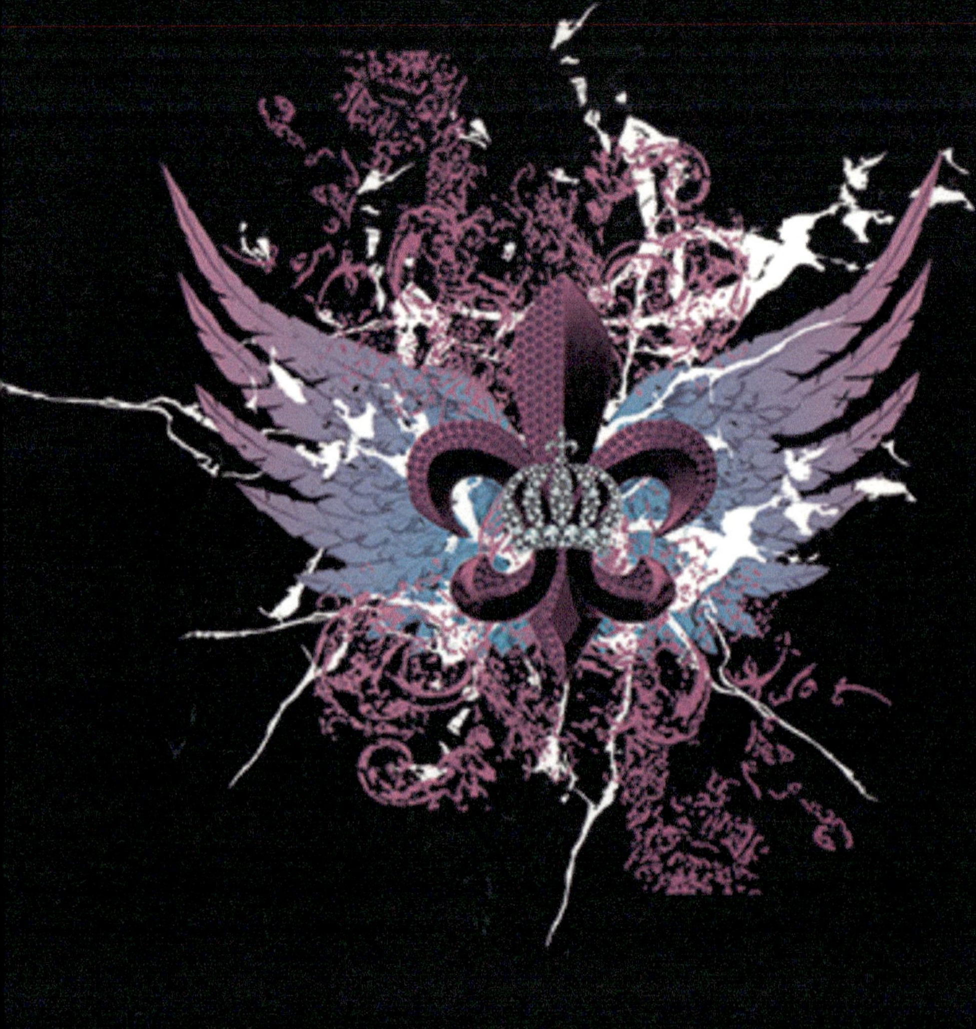

»

Kapital lässt sich beschaffen, Fabriken kann man bauen,

Menschen muss man gewinnen.

«

Hans Christoph von Rohr

Gewinne Menschen durch Faszination

Schenke deinem Gegenüber stets deine volle Aufmerksamkeit. Wenn du dich mit ihm unterhältst, bist du nur für ihn da und zu hundert Prozent gegenwärtig.

Wir fühlen instinktiv, ob jemand wirklich an uns interessiert ist oder eben nur einen solchen Eindruck erweckt. Höre deinem Gesprächspartner genau zu und wiederhole seine Worte. Wenn er zum Beispiel sagt: »Loyalität ist eine Grundvoraussetzung«, dann wiederhole: »Loyalität ist eine Grundvoraussetzung!« Kurze Pause, dann setze nach: »Ja, so sehe ich das auch, da gebe ich Ihnen völlig recht.« Damit schaffen wir eine Vertrauensbasis, gegründet auf offensichtlich gleichen Wertvorstellungen. Je mehr Gemeinsamkeiten wir erschaffen, desto besser. Ich sage ganz bewusst »erschaffen« und nicht »finden«, denn finden wäre passiv, und es birgt die Ungewissheit, dass es unter Umständen nie eintritt. Wir werden dem Glück lieber auf die Sprünge helfen.

Trete in so wenige Fettnäpfchen wie möglich. Dazu solltest du die Vorlieben und Abneigungen deines Gegenübers herausfinden. Dies kannst du vorsichtig etwa über seine Bekannten und Freunde tun, aber auch seine Social-Media Auftritte geben dir mehr oder weniger Auskunft darüber. Wenn du merkst, dass es jemandem nicht besonders gut geht, mach nicht den Fehler, auf sein Befinden in größter Ausführlichkeit einzugehen, um dessen negative Grundstimmung nicht noch zu verstärken.

Vielmehr sage ihm, wie großartig, einmalig, was für ein besonderer Mensch er ist. Überhaupt sollte man an Komplimenten nicht sparen. Hab keine Sorge, dass du dabei über treibst. Ein Kompliment kann gar nicht übertrieben genug sein. Wir alle sind empfänglich für Komplimente und Streicheleinheiten.

Wir verdursten geradezu auf der Suche danach in Zeiten einer Gesellschaft der Anonymität und Sterilität. Der übersteigerte Wunsch nach sozialer Anerken nung wirkt geradezu wie eine Droge. Die damit verbundene Aufmerksamkeit und Bewunderung Dritter macht uns häufig so glücklich, dass wir bereit sind, fast alles dafür tun. Menschen werden zu Litfaßsäulen, die – mit Statussymbolen beladen – blindlings mit Scheuklappen versehen durchs Leben stolzieren, oder sie verlieren sich in fremden, überzogenen Ansprüchen. Doch auch Arroganz und Aggression werden häufig benutzt, um die Anerkennung zu erzwingen, die man glaubt zu verdienen. Der eigentliche Sinn dahinter ist aber immer derselbe: Wir wollen als beson dere Person wahrgenommen, bestätigt und hervorgehoben werden. Soziale Anerkennung ist ein Grundbedürfnis ähnlich dem Wunsch nach Essen und Trinken – ohne sie kann kein Mensch existieren. Erstaunlicherweise gehen wir jedoch gerade in Deutschland meist äußerst sparsam mit dem Verteilen von Komplimenten gegenüber unseren Mitmenschen um. Nach dem Motto, nicht kritisiert ist gelobt genug, mäkeln wir eher an anderen herum, anstatt sie zu loben. Dabei habe ich die Erfahrung gemacht dass erfolgreiche Menschen, die Großes im Leben vollbracht haben, weitaus verständnisvoller mit ihren Mitmenschen umgehen. Vernichtende Kritik kommt zumeist aus den unteren

Reihen. Skeptische bis negative Vorsicht walten zu lassen gilt bei vielen dieser Personen als besonders clever, Begeisterung dagegen wird von ihnen schnell als kindliche Naivität abgetan. Aber wo das Loben, Bewundern und Anerkennen fehlt, fühlen sich Menschen mit der Zeit unsichtbar, verlassen, einsam und werden nicht selten nachlässig, unzufrieden, antriebslos oder sogar krank. In der Entwicklungspsychologie gibt es dafür auch den zentralen Begriff der »positiven Verstärkung«. Wer Menschen für das, was sie gut machen, lobt, statt sie ständig auf das, was sie falsch machen, hinzuweisen, fördert ihre Entwicklung wie sonst nichts auf der Welt. Lob und Komplimente machen Menschen stark – das gilt für Kinder ebenso wie für Erwachsene. Warum sollten wir daher so sparsam damit umgehen?

Der Ort in unserem Gehirn, der uns nach Anerkennung streben lässt, ist der gleiche, der Menschen auch nach Drogen und Rauschmitteln süchtig werden lässt. Wir reden von Strukturen im Hirn, deren Nervenzellen Dopamin ausschütten. Dadurch wird ein Gefühl von Glück, Freude und Stärke ausgelöst. Im Übrigen schütten unsere Nervenzellen bereits schon bei einem freundlichen Blick oder Lob unzählige Botenstoffe wie Dopamin, körpereigene Opiate und Oxytocin aus. Je größer die Zuwendung oder Zuneigung ist, desto mehr Botenstoffe werden bei uns freigesetzt – bei Liebe oder einem Orgasmus explodiert das Ganze geradezu wie ein Feuerwerk. Loben ist also sehr wichtig auf dem Weg zum Erfolg. Lobe dein Gegenüber, dass es etwas sehr gut gemacht hat – selbst wenn es auf den ersten Blick noch so uninteressant und belanglos erscheinen mag.

Mein Credo ist: Wenn man etwas zum Kritisieren findet, dann entdeckt man, wenn man nur will, auch etwas zum Loben. Alles, was wir tun, kommt zu uns zurück! Haben wir also Verständnis für unsere Mitmenschen, loben und wertschätzen wir diese, dann wird uns eine ebensolche Haltung von anderen Menschen zuteil. Sage deinem Gegenüber deshalb auch immer mal wieder, was du gerade an ihm besonders interessant, außergewöhnlich und bewundernswert findest. Dadurch schaffst du ein angenehmes, positives Umfeld und gute Energie. Interessiere dich für ihn/sie, für seine/ihre Hobbys, Vorlieben und Leidenschaften. Lass ihn/sie erzählen, was ihn/sie an seinen/ihren Vorlieben und Hobbys so fasziniert – dann wirst du selbst die Erfahrung machen, dass sie sich auch für dich interessieren und wie sehr auch du sie faszinieren kannst.

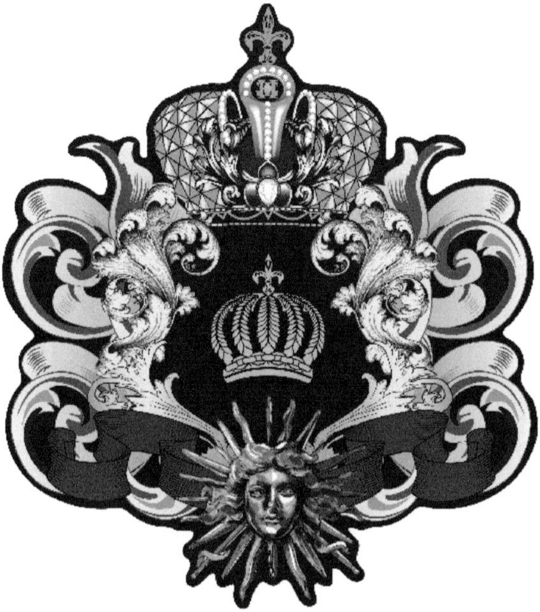

Social Media ist ein toller Ort, um der Welt zu zeigen, was du bist, bevor du die Gelegenheit hattest, es zu werden.

Harald Glööckler

Social Media als Visitenkarte

Merke dir bitte: dein Social Media Account ist kein Privatvergnügen, um Kaffeekränzchen auszumachen! Es ist auch nicht dein privates Fotoalbum, vielmehr promotest du dich als Marke. Achte deshalb darauf, dass deine Fotos professionell aussehen und deinen Lifestyle bereits im Jetzt reflektieren, den du erst eines Tages erreicht haben willst.

Kein Mensch will auf Social Media von einem Star langweilige Fotos betrachten, niemand will die eigenen traurigen Momente seines Lebens bei anderen wiederfinden. Fasziniere oder schockiere deine Mitmenschen, aber bitte langweile sie nicht. Präsentiere einen Lifestyle, der ins Auge sticht. Poste keine privaten Fotos, poste intime Fotos.

Der Unterschied liegt darin, dass private Fotos meist unglamourös, geradezu eintönig den Alltag widerspiegeln. Du jedoch solltest darauf achten, stets glamourös, interessant und deiner Stellung und dem damit erwarteten Lifestyle entsprechend rüberzukommen. Manche begehen dabei einen ganz großen Fehler: sie posten die luxuriösesten Fotos von grandiosen Villen und faszinierendem Lifestyle, und dann – wenn man gerade dabei ist, die Illusion zu glau ben, den hingestellten Besen zu fressen – zeigen sie sich plötzlich in der Küche eines Betonblocks.

Das passt nicht zusammen und ist vor allem unglaubwürdig, denn das Bild zerstört die Illusion. Wenn irgendwie möglich, zeige dich so oft es geht an außergewöhnlichen Orten, die Emotionen hervorrufen und für all das stehen, was Fame aus macht – wie Monte Carlo, Los Angeles oder New York. Wenn du auf Events oder Partys bist, schreibe niemals, es war mittelmäßig, langweilig und fade, oder dass keine guten Leute anwesend waren, sondern lobe das Ganze in den Himmel. Ich selbst war zwar schon auf Partys in New York, es war manchmal wirklich höchst langweilig und fade. Ich habe dennoch großartige Fotos geschossen und dazu geschrieben: »Amazing Party in New York!« Dadurch hypst du dich selbst sowie den Veranstalter und wirst immer wieder gerne eingeladen. Mach Fotos mit einem Glas Champagner oder einer Champagnerflasche in der Hand. Aber am besten nur mit Marken, die geläufig sind wie zum Beispiel Moet. Sicher gibt es Menschen, die andere Marken bevorzugen, wir wollen jetzt hier nicht darüber diskutieren, ob Moet Champagner das Nonplusultra ist oder nicht. Entscheidend ist, dass jeder ihn nun einmal kennt.

Was nützt es, wenn du ein Foto mit einer Flasche Petrus machst und ein Großteil der Menschen kennt weder die Marke noch seinen wertmäßigen Preis?

Des Weiteren solltest du dich mit Produkten fotografieren lassen, die starke Emotionen hervorrufen. Produkte oder Dienstleistungen, Images, die bei uns keine Emotionen auslösen, sind für unser Gehirn wertlos. Und was unser Gehirn als wertlos betrachtet, tangiert Menschen höchstens am Rande. Rein sachliche Entscheidungen kennt unser Gehirn nicht.

Die Entscheidung für oder gegen etwas oder jemanden hängt davon ab, ob wir dabei ein gutes oder schlechtes Gefühl haben. Alles, was uns Menschen wichtig ist, berührt und motiviert, ist emotional geprägt. Keine Emotion – keine Reaktion. Hau auf deinem Social Media Account ruhig richtig auf den Putz. Je mehr desto besser, die Menschen sehen nicht, was sie sehen, sie sehen, was sie sehen wollen. Und du bist ein Star – also be nehme dich und lebe wie ein Star. Zeige der Welt, wie großartig das alles und du selbst bist. Das setzt auch beim Betrachter Sehnsüchte frei und den Wunsch, dir nahe zu sein. Das ist ein wichtiger Schritt hin zu deinem Erfolg.

Wer berühmt sein möchte, hatte es nie leichter als heute: soziale Netzwerke wie Instagram oder das Videoportal Youtube bieten jedem die Möglichkeit, sich zu präsentieren, und somit die Chance, entdeckt zu werden. Ob jemand wirklich etwas kann – sei es Singen, Schauspielern oder jegliche andere Form von Kunst – ist dabei oft zweitrangig. Hauptsache er oder sie fällt auf!

Christine Staab

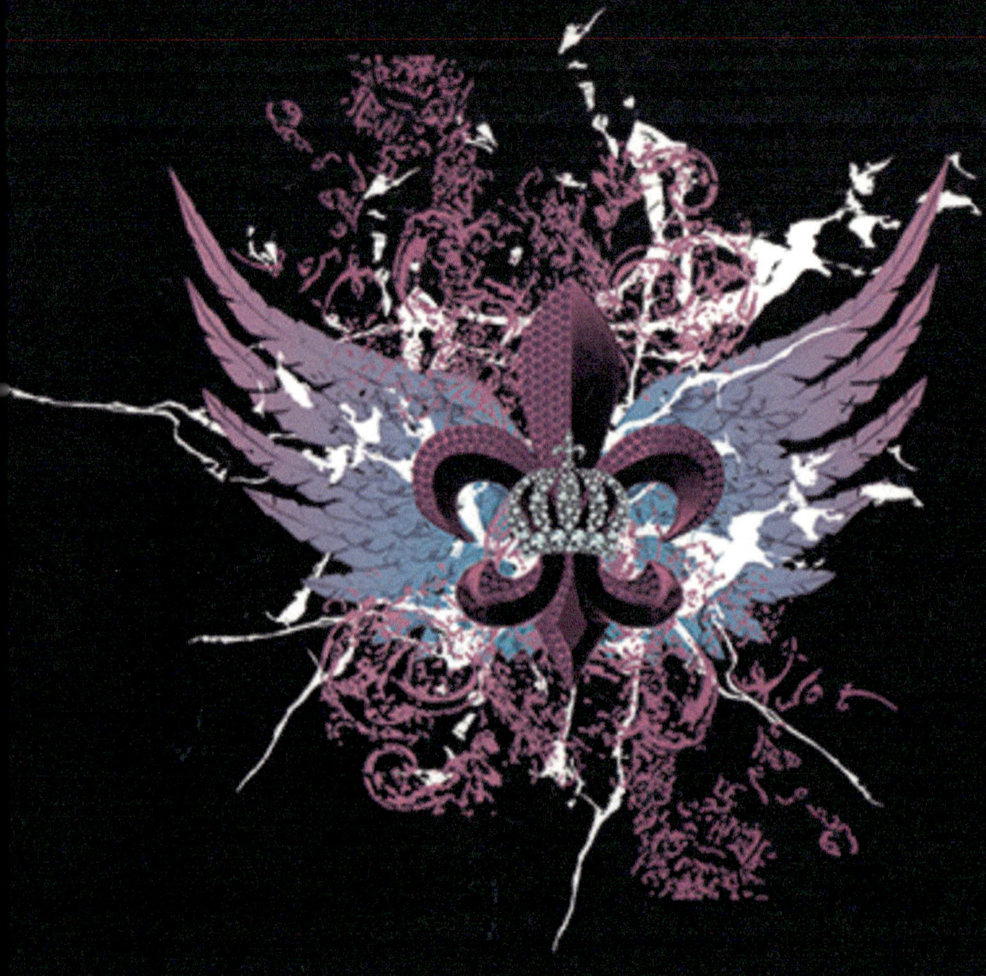

Urlaub eines Selbstständigen ist die Chance, die Arbeiten zu erledigen, zu denen man im Alltag nicht kommt.

Harald Glööckler

Urlaub ist auch Business

Wenn du – vor allem im Urlaub – ins Ausland fährst, kündige dich dort in den Hotels am besten als Star an. Schreib dazu eine EMail von deinem Management Account aus. Weise etwa darauf hin, dass der Kreativdirektor, der Star Designer oder wie du dich nun mal nennen magst, ihnen »die Ehre erweist, in. Ihrem Hotel zu logieren«. Dabei kannst du gern geschwollen formulieren und bei der Bezeichnung deiner Position übertreiben, wenn du dir schon einen Titel verpasst, dann bitte einen großartigen. Teile den Verantwortlichen vor Ort mit, dass sie es mit einem anspruchsvollen Gast zu tun haben und es deiner Verantwortung obliegt, ihnen dessen Abneigung, Gepflogenheiten und Wünsche zu vermitteln. Bitte möglichst um ein Upgrade, höflich, aber entschieden, indem du deutlich machst, dass er üblicherweise in Deutschland ein Upgrade bekommt. Dadurch schaffst du eine Erwartungshaltung, vermittelst dem Hotel seine Wichtigkeit und beginnst, Interesse für ihn zu wecken. Frage, wer für die VIP Betreuung im Hotel zuständig ist und an wen er sich bei der Ankunft wenden kann. Je mehr das Hotel sich mit dir vor deiner Ankunft beschäftigen muss, desto mehr wirkst du auf sie wie ein Bekannter und nicht als Fremder. Buche einen Limousinenservice für den Transfer vom Flughafen zum Hotel und hinterlasse auf der E-Mail ans Hotel deine Social-Media-Seite als Referenz. Schon aus diesem Grund ist es nötig, dass diese Seite hochkarätig gestaltet ist. Wenn du dann im Hotel ankommst, wirst du wahrscheinlich von jemandem ganz persönlich und besonders zuvorkommend empfangen. Ihm oder ihr gibst du zuerst deine Autogrammkarte. Achte dann darauf, dass man dich aufs Zimmer bringt, und bitte darum, das Gepäck zunächst noch in der Halle stehen zu lassen, denn du würdest das Zimmer erst einmal begutachten wollen. Dadurch baust du erneut Druck auf und unterstreichst, dass du ein anspruchsvoller, um nicht zu sagen schwieriger Gast bist.

Vergiss nicht auf dem Weg zum Zimmer zu erwähnen, dass du auf Social Media einen Blog hast, in dem du auch über andere Länder und Hotels schreibst. Hast du ein Upgrade bekommen und das Zimmer ist schön, bedanke dich überschwänglich, gib ein großzügiges Trinkgeld und bitte erst dann, dein Gepäck hochzubringen. Entspricht es jedoch nicht deinen Vorstellungen, frage nach, ob denn wirklich ein Upgrade stattgefunden habe, und wenn man verneint, bring deine Enttäuschung zum Ausdruck, wie schlecht das sei, schließlich habe man es dir doch zugesichert. Diese Räume teilen sei leider nicht möglich, man sei momentan sehr ausgebucht, hätten es ansonsten für dich gerne gemacht, könnte deren Entschuldigung lauten Sag daraufhin etwa: »Dann haben wir jetzt aber ein Problem!« Mach deutlich, dass das Zimmer dir nicht gefällt und du darin keineswegs bleiben wirst. Sag, dass es das schrecklichste Zimmer sei, das du jemals in einem Hotel erhalten hättest. Bleib dabei immer höflich lächelnd, denn mit einem Lächeln im Gesicht und Höflichkeit kann man alles sagen, ohne zu sehr anzuecken. Teile mit, dass du dich gerade auf dieses Hotel sehr gefreut hättest, dass Freunde mit einem eigenen Reisebüro es dir wärmstens in den schillerndsten Farben empfohlen hätten und du sie nun fragen müsstest, was sie sich dabei denn nur gedacht hätten. Unterstreiche, wie erfolgreich und einflussreich du seist in deinem

Land und wie wenig Zeit du findest, einmal Urlaub zu machen. Und dann solle es schon zu deiner Zufriedenheit sein. Es wird dann der Moment kommen, wo man nachgibt und sagt, man werde schauen, was sich noch machen ließe. Entweder du bekommst dann ein besseres Zimmer. oder man verspricht es dir für den nächsten oder übernächsten Tag. Vermutlich bekommst du irgendetwas zur Entschädigung aufs Zimmer und du bist als anspruchsvoller, schwierig zufriedenzustellender Gast registriert. Ab diesem Moment solltest du darauf achten, stets besonders höflich und charmant zu erscheinen. Damit sicherst du dir ihre Sympathien, und du wirst sehen, dein Urlaub wird paradiesisch schön. Du wirst verwöhnt werden wie ein Superstar. Die anderen Gäste werden dies registrieren, sich wundern, wer du bist, da man so viel Aufhebens um dich macht. Sollten sie im Hotel nachfragen, wer du bist, wird man ihnen mitteilen, dass du ein bekannter Star in deinem Land seist. Gehe edel, exzentrisch gekleidet etwa an den Yachthafen des Ortes, falls es einen solchen gibt, und suche die schönste, größte Yacht aus. Siehe zu, dass jemand ein Foto von dir und der Yacht macht, poste das Foto auf Social Media und schreibe: »Amazing Time, amazing Yacht!« – schon hast du gewonnen und deinen Status als VIP wieder einmal zur Geltung gebracht.

Berühmt sein ist Ephemere!
Ich möchte lieber geachtet werden.

Anouschka Renzi

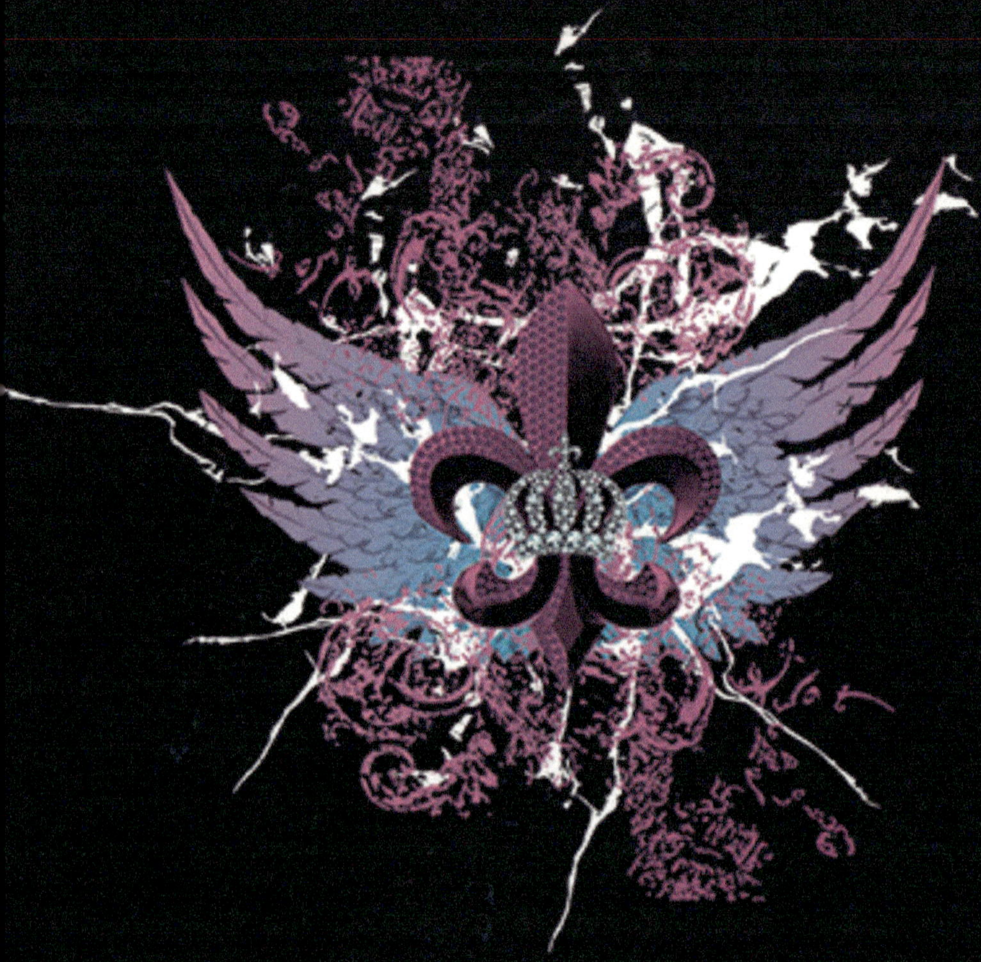

Die Schande nimmt ab mit der wachsenden Sünde.

Friedrich von Schiller

Die Schande vergeht, der Ruhm bleibt

Im Alter werden alle Huren zu Nonnen, pflegte meine Großmutter zu sagen. Auf dem Weg zum Ruhm musst du mitunter auch Dinge machen, die dir unangenehm oder peinlich sind. Genau genommen sollte einem eigentlich gar nichts peinlich sein. Denk einfach daran: »Die Schande vergeht, der Ruhm bleibt.«

Unter Umständen ist es ratsam, diesbezüglich sogar einen Turbo einzulegen. Such dir einen alten Prinzen oder eine Prinzessin, eventuell einen abgetakelten

Hollywood-Star und schau, dass du vielleicht eine Affäre mit ihm oder ihr hin bekommst, zumindest aber eindeutige Fotos generieren kannst. Dabei ist es wichtig, dass das Ganze skandalös und extrem laut vonstatten geht. So hast du gute Chancen, auf die Titelseiten der Weltpresse zu kommen. Benehmt euch daneben, demoliert das Lokal, in das ihr zum Essen geht, düpiert einen A-Promi öffentlich oder einen bekannten Politiker.

Was immer du machst, mach es richtig. Du wirst hinterher erst einmal verbrannt, aber auch bekannt sein. Und glaube mir: Die Zeit heilt alle Wunden. Zuerst einmal musst du sehen, dass du einer großen Masse so schnell wie möglich bekannt wirst. Bekanntheit ist das A und O. Wenn du eine hohe Bekanntheit erreicht hast, kannst du immer noch an deinem Image feilen. Je schneller dir das gelingt, desto eher erhältst du die Aufmerksamkeit der Medien.

Bist du dort erstmal präsent, wirst du auch interessant für Firmen und deren Werbeauftritte. Es dreht sich längst nicht mehr um das, was jemand kann, sondern darum, wer einen kennt. Und wer über eine hohe Präsenz in den Medien verfügt, wird gerne eingeladen und hofiert, weil man hofft, über ihn auch die eigene Marke und Produkte stärker in die Öffentlichkeit zu bringen, also zu mehr PR zu kommen.

Dein Interesse an ihnen ist dann ihr Interesse an dir. So kannst du die Wirksamkeit deiner Öffentlich keitsarbeit bis ins Unermessliche steigern. Sie profitieren von dir, du von ihnen.

»

Das Glück besteht darin, so zu leben, wie alle Welt

und doch wie kein anderer zu sein.

«

Simone de Beauvoir

Sei einzigartig!

Wir leben in einer Zeit, in der es vor Plagiatoren nur so wimmelt. Und egal, wie viele Menschen versuchen, sich mit Fakes zu profilieren, weiß doch jeder, dass diese eigentlich große Lügen, ja ein Betrug an sich und den Mitmenschen sind. Ganz abgesehen von der strafrechtlichen Seite, tut man sich energetisch keinen Gefallen, auf diese Weise andere zu täuschen, denn man täuscht dabei immer auch sich selbst: Durch das Resonanzgesetz zieht man weiteres Unheil an.

Niemand interessiert sich in Wirklichkeit für Leute, die andere und deren Werke aus naheliegenden Eigeninteressen nur kopieren.

Sie sind wertlos, langweilig und energetisch leer. Menschen sehnen sich vielmehr nach Originalen, dem Besonderen, Einmaligen, Außergewöhnlichen.

Es sind stets die mutigen, verrückten, waghalsigen, andersartigen Ideen von Menschen, die uns faszinieren und uns Achtung abverlangen. Was aber macht Menschen einzigartig?

Zuerst einmal sind wir als Menschen alle einmalig, einzigartig von Geburt an. Wir haben dies manchmal nur vergessen und sollten uns immer wieder vergegenwärtigen, dass jeder von uns etwas ganz Besonderes, ein Original darstellt. Daher solltest du herausfinden, welche besondere Eigenschaften, welches Wissen oder Können du vom Kosmos mitbekommen hast. Was bist du, hast du, das dich auszeichnet, und was kannst du besonders gut? Überlege auch, welche deiner besonderen Fähigkeiten du in den Dienst der Menschen stellen kannst, denn wer sich über andere erheben möchte, muss ihnen dienen: Der gute König dient seinem Volk. Und wenn er dessen Erwartungen nicht (mehr) erfüllt, muss er abdanken oder darf vom Sockel gestürzt werden. Dieses Verständnis hatte man schon in der griechischen Antike.

Erfolg ist kein Glück – man muss hart dafür arbeiten.

Cathy Lugner

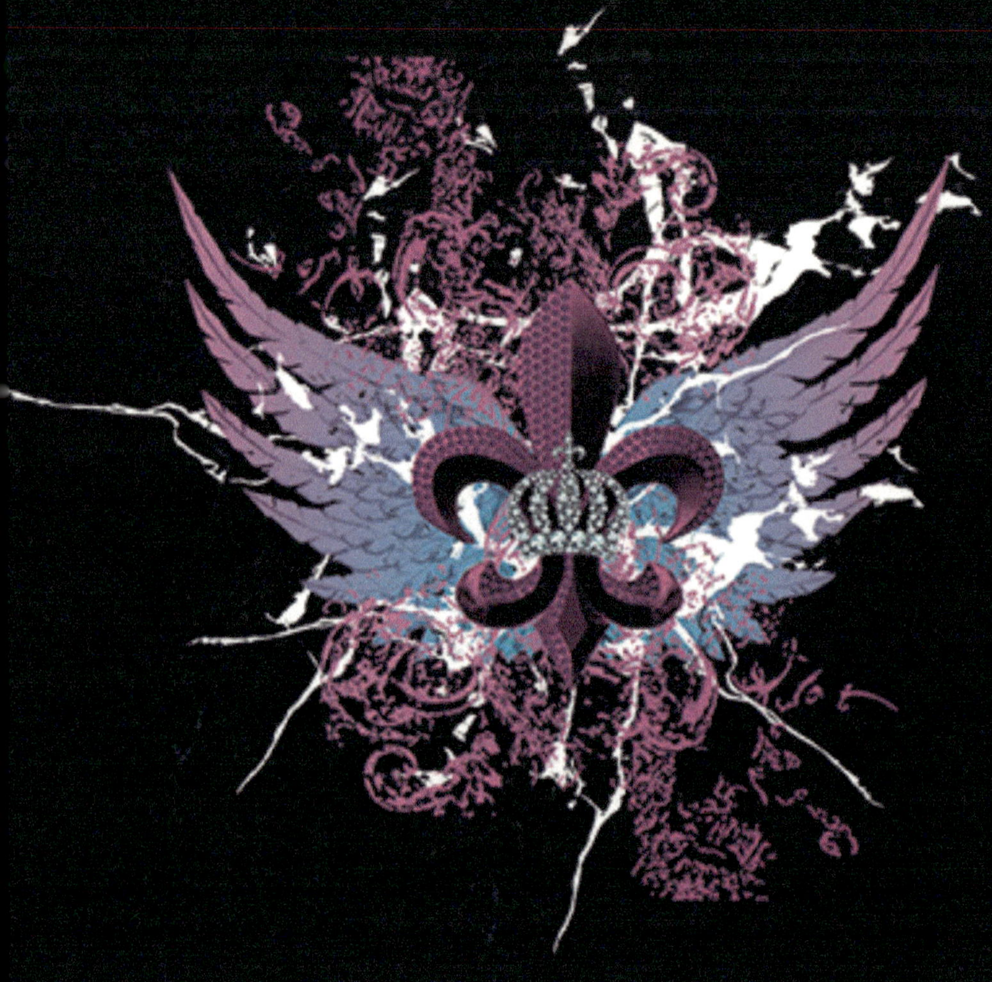

”

Sei eine erstklassige Ausgabe deiner selbst und keine zweitklassige von jemand anderem.

“

Judy Garland

Was fasziniert uns an Originalen?

Von Kind an kenne ich durch meine Großmutter den Spruch »Er ist ein Original!« Das sagte sie immer mit großer Hochachtung und einem Schmunzeln im Gesicht.

Als Original wurde ein Mensch bezeichnet, der durch seine oftmals etwas verschrobene Art und Lebensweise oder durch spezielles Benehmen auffiel. Es waren stets Menschen, die nicht mit der Masse schwammen und mitunter ein auf eigentümliche

Weise vom gewöhnlichen Dasein entferntes Leben führten. Des Weiteren zeichnete sich eine solche Person sowohl durch bestimmte Eigenschaften wie auch besonders skurrile Marotten aus. Meist legten sie ein exzentrisches, wundersames Verhalten an den Tag, wodurch sie als Außenseiter oder Sonderling angesehen wurden. Da sie niemanden schadeten, und – abgesehen von ihrer Skurrilität und ihren Marotten –freundliche, angenehme Zeitgenossen waren, duldete man sie am Rande der Gemeinschaft. Auch bei uns im Ort gab es solche Menschen. Ich erinnere mich besonders gut an eine Dame an unserem Ort, die immer äußerst extravagant und außergewöhnlich gekleidet war. Man sagte, sie sei verrückt, viel mehr wusste man allerdings nicht über sie zu berichten. Ihr Leben und ihre Vergangenheit lagen im Dunkeln. Ihr Haus stand neben der methodistischen Kirche. So sorgte die Frau mitunter am hellen Sonntagmorgen für einen handfesten Skandal, indem sie während des Kirchgangs splitternackt in ihrem Garten lag, so dass die Gottesdienstbesucher nicht umhin konnten, sie zu sehen. Auch kam es durchaus vor, dass sie im tiefsten Winter nackt in einem eiskalten Gebirgsbach badete. Das alles machte sie für mich unglaublich interessant, und irgendwie war sie wie ein Superstar: Sie war eine einzige Provokation.

Glaube an Dich und Deine Ziele!

Ralf Moeller

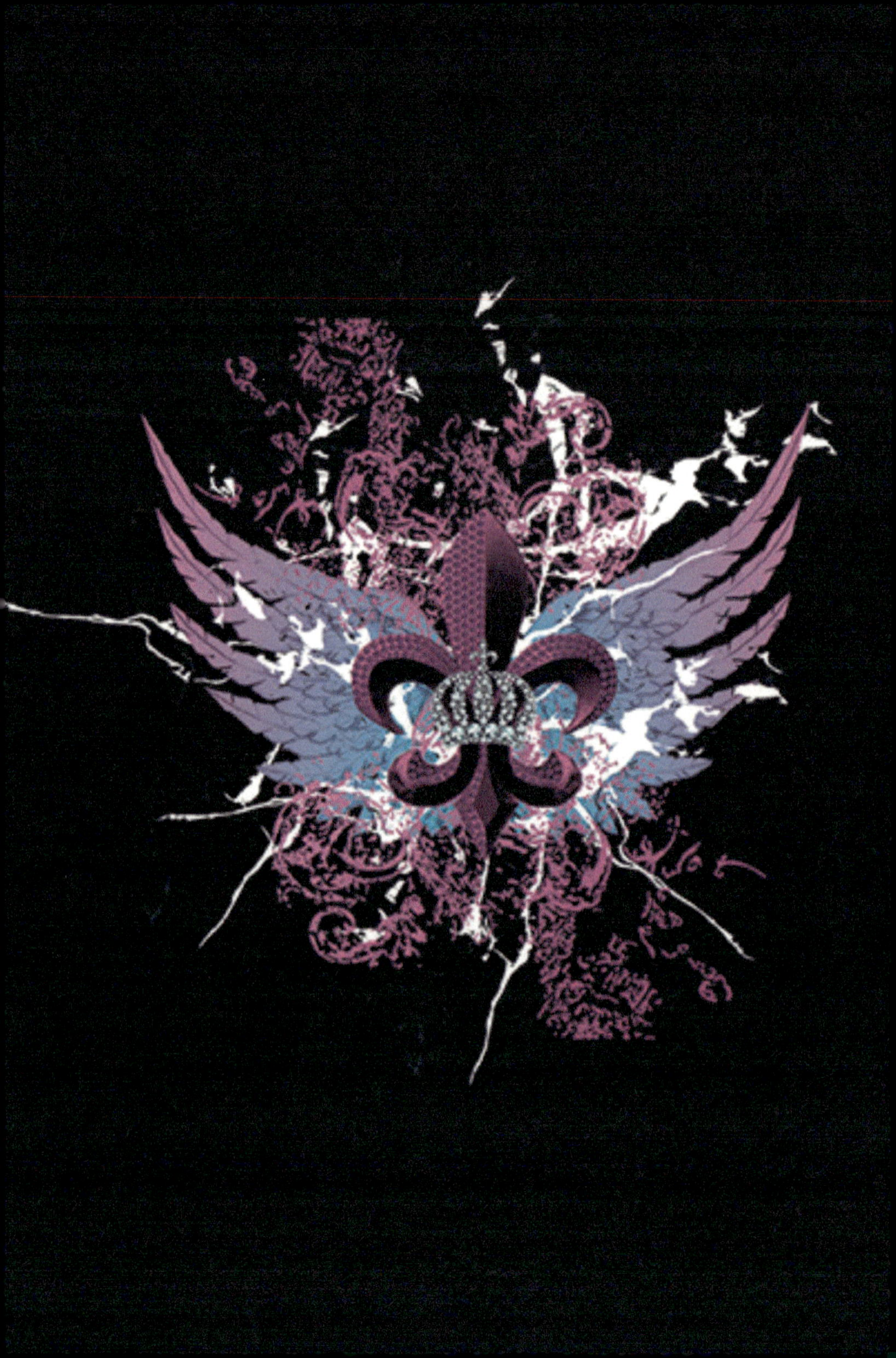

”

Wer interessieren will, muss provozieren.

“

Salvatore Dali

Mit Exzentrik zum Ziel

Exzentriker sind Zeitgenossen, die meist zufrieden am Rande der Gesellschaft leben. Sie machen ihr eigenes Ding, scheren sich nicht um Konventionen und leben meist außerhalb der geltenden gesellschaftlichen Normen. Nicht jeder, der anders aussieht, ist auch gleichzeitig ein Exzentriker, und nicht jeder Exzentriker sieht frappant anders aus.

Man wird zwar als Exzentriker geboren, letztendlich jedoch entschließt man sich aus freien Stücken und selbstbewusst zu einem Leben außerhalb der gängigen Norm. Denn der Wunsch, den angeborenen Anlagen zu folgen, ist stärker als die Forderung der Gesellschaft nach Unterwerfung und Anpassung. Viele halten Exzentriker für spleenig oder verrückt, aber in

Wirklichkeit sind genau sie es, die Dinge nach vorne bringen. Durch ihren Nonkonformismus wagen sie Neues, überschreiten Grenzen und geben oft auch der Wirtschaft Anstöße für ganz neue Entwicklungen. Doch Exzentriker hatten es auch schon zu allen Zeiten schwer, denn weder Kirche noch Staat dulden ein zu dominantes Abweichen von den vorgegeben Normen. Sie wurden daher nicht selten weggesperrt, mussten sich einem Exorzismus unterwerfen, da man sagte, sie seien vom Teufel besessen – nicht selten landeten sie sogar auf dem Scheiterhaufen. Je unkreativer und starrer eine Gesellschaft strukturiert ist, desto weniger Raum bietet sie für Exzentriker und desto kleiner ist die Toleranz grenze in der Gesellschaft. Doch es gibt auch andere Beispiele. Am französischen Hof war sie lange Zeit geradezu Programm, Exzentrik wurde regelrecht kultiviert. Eines meiner Vorbilder ist Ludwig XIV. Er war sozusagen ein Berufsexzentriker. Seine Selbstinszenierung war keine individuelle Marotte, sondern folgte straff durchorganisiert einem klaren Plan und ausgefeiltem Kalkül. Und genau das habe ich für mich adaptiert: Ich inszeniere mich unentwegt neu –nach einem straffen, von mir entworfenen Plan: Nichts, aber auch gar nichts, selbst wenn es so scheinen mag, entspringt dem Zufall. Alles hat sich diesem Ziel unterzuordnen.

Ich habe eine POMPÖÖSE Welt geschaffen, die so weit entfernt ist von der Realität, dass sie den Betrachter in Erstaunen versetzt. Nimmt man aber ein Puzzle aus dem Bild, ein Produkt – sei es ein T-Shirt oder eine Tapete –, dann lässt sich dieses wunderbar in die Normalität integrieren und verleiht dem Alltag einen entsprechenden Glanz.
Ich selbst bin in meiner Welt der Kopf der Schöpfung und an Exzentrik und Extravaganz sicher kaum zu überbieten. So schaffe ich es immer wieder aufs Neue, Menschen auf mich aufmerksam zu machen, zu faszinieren oder auch ganz bewusst zu schockieren und dadurch im Gespräch zu bleiben.

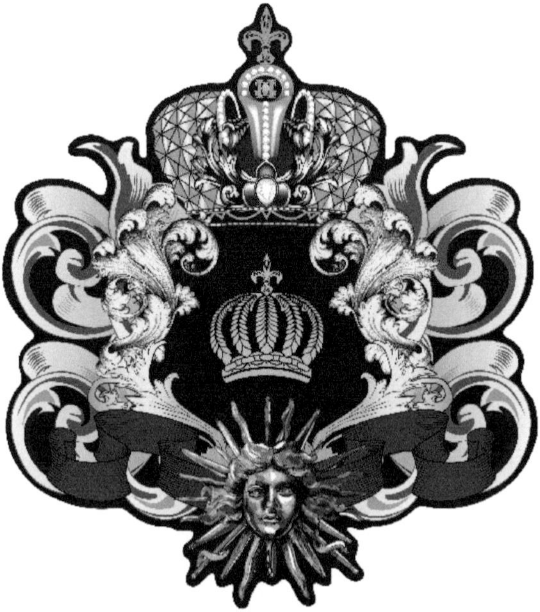

Beziehungen sind eine Rutschbahn nach oben.

Karl Farkas

Kontakte

Mach dir klar: Kontakte, Verbindungen und Empfehlungen sind auf deinem Weg zum Ruhm mit die wichtigsten Voraussetzungen. Jedoch solltest du bei deinen Bemühungen darum nicht immer gleich mit der Tür ins Haus fallen. Prominente, erfolgreiche Menschen, das erlebe ich auch selbst, werden tagtäglich von anderen um Hilfe gebeten. Man kann aber beim besten Willen nicht allen Menschen Hilfe und Lebensberatung gewähren und ist dazu auch moralisch nicht verpflichtet. Es ist eine sonderbare Vorstellung, dass einige Menschen wie selbstverständlich erwarten, jemand, der es zu etwas gebracht hat im Leben, müsse andere unentwegt unterstützen, natürlich alles kostenlos – für einen »Lohn im Himmel«. Es spricht nichts dagegen, jemanden zu fragen, ob man ihn um Hilfe bitten dürfe. Doch die Auffassung, er sei zu dieser Hilfe verpflichtet, ist im selben Maße grotesk wie auch unhöflich. Diese Zeitgenossen schießen sich damit zu Recht selbst ins Aus. Das klassische Beispiel für einen solchen selbst herbeigeführten Knockout sind die Fälle, in denen mir jemand auf Social Media einen »Freundschaftsantrag« schickt und dann unmittelbar nach meiner Annahme, ohne sich dafür auch nur zu bedanken oder einen freundliches Wort zu wechseln, gleich mit der Bitte um Hilfe oder Geld kommt. Das ist nicht nur schlechter Stil, sondern einfach unverschämt und frech. Es zeigt nur, dass diese Person in Wirklichkeit keinerlei Interesse an einem selbst hat, geschweige denn an einem freundschaftlichen Austausch, sondern nur den eigenen Interessen folgt und den Kontakt dafür nutzen will. Einen solchen Verdacht solltest du bei deinen Versuchen zur Kontaktaufnahme mit Prominenten erst gar nicht aufkommen lassen.

Welcher Mensch mit gesunder Selbstachtung möchte neue Freunde gewinnen, die nicht einmal an ihm interessiert sind, geschweige denn sich die Mühe machen, wenigsten den Schein dafür zu vermitteln? Wenn du also klug bist und Kontakt zu einer einflussreichen Person suchst, dann tue das wohl überlegt und nicht einfach wie ein Elefant im Porzellanladen darauf los, sondern baue erst einmal eine Vertrauensbasis mit ihr auf. Dazu solltest du dich zunächst über sie erkundigen, ihre Vorlieben, Lebenseinstellungen, berufliche Laufbahn, familiäre Zusammenhänge, Mitgliedschaften und Engagements in Vereinen studieren. Danach finde die Bereiche heraus, in denen es Schnittstellen zwischen dir und ihr gibt oder eure Interessen sich decken, zumindest kreuzen. Dein Gegenüber wird schnell merken, ob dein Interesse wirklich echt oder nur gespielt ist. Daher solltest du dich im obigen Fall zunächst in aller Form für die Freundschaftsannahme bedanken und den Angesprochenen in deine Welt, das eigene Leben einladen und willkommen heißen. Ich rate dir auch, sie erst einmal zu siezen, um Respekt, Achtung und Anstand ihr gegenüber zu bekunden – anstatt gleich auf das platte, intime Duzen zu verfallen. Auch wenn in Zeiten von Social Media ein sofortiges Duzen bei vielen en vogue ist, machst du nichts falsch, wenn du das vorsichtshalber zunächst vermeidest. Bietet dir die Person dann das Du an, hat das einen völlig anderen Wert, als wenn du sie selbst dazu gedrängt hättest. Eine Antwort auf die Annahme deiner Freundschaftsanfrage könnte lauten: »Ich danke Ihnen sehr für die freundliche Annahme meines Freundschaftsantrags und möchte Sie sehr gerne in mein Leben, meine Welt einladen und würde mich über einen möglichen Austausch mit Ihnen außerordentlich freuen!« Ich wähle bewusst nicht den

Ausdruck »regen Austausch«, da du damit leicht den Eindruck erweckst, recht anstrengend zu werden und die kostbare Zeit des Prominenten über Gebühr in Anspruch nehmen zu wollen und zu verschwenden. Abschließen könntest du deine »Danksagung« zum Beispiel mit folgender oder einer ähnlichen Formulierung: »P.S.: Im Übrigen gestatten Sie mir anzumerken, dass ich großen Respekt vor Ihrer Leistung empfinde und ich aus Ihrem Vorbild in schwierigen Zeiten viel Kraft ziehen konnte. Machen Sie unbedingt weiter so, denn Sie sind in Ihrem Wirken und Tun sicher nicht nur ein Vorbild für mich, sondern eine Bereicherung für die Menschheit.«
Das sollte reichen, um nach der ersten, geglückten Kontaktaufnahme gut starten zu können, weiter ins Gespräch zu kommen. Und wenn du dann erst einmal eine gesunde Basis geschaffen hast, kannst du überlegen, wie und wann du am besten einen Vorstoß wagst, um den Angesprochenen – so du wirklich ein überzeugendes, ehrenwertes Anliegen hast – um Hilfe zu bitten.

Der Kopf ist rund, damit DAS DENKEN die Richtung wechseln kann. Nur so schafft man, im Haifischbecken der »VIPs« zu überleben.

Giulia Siegel

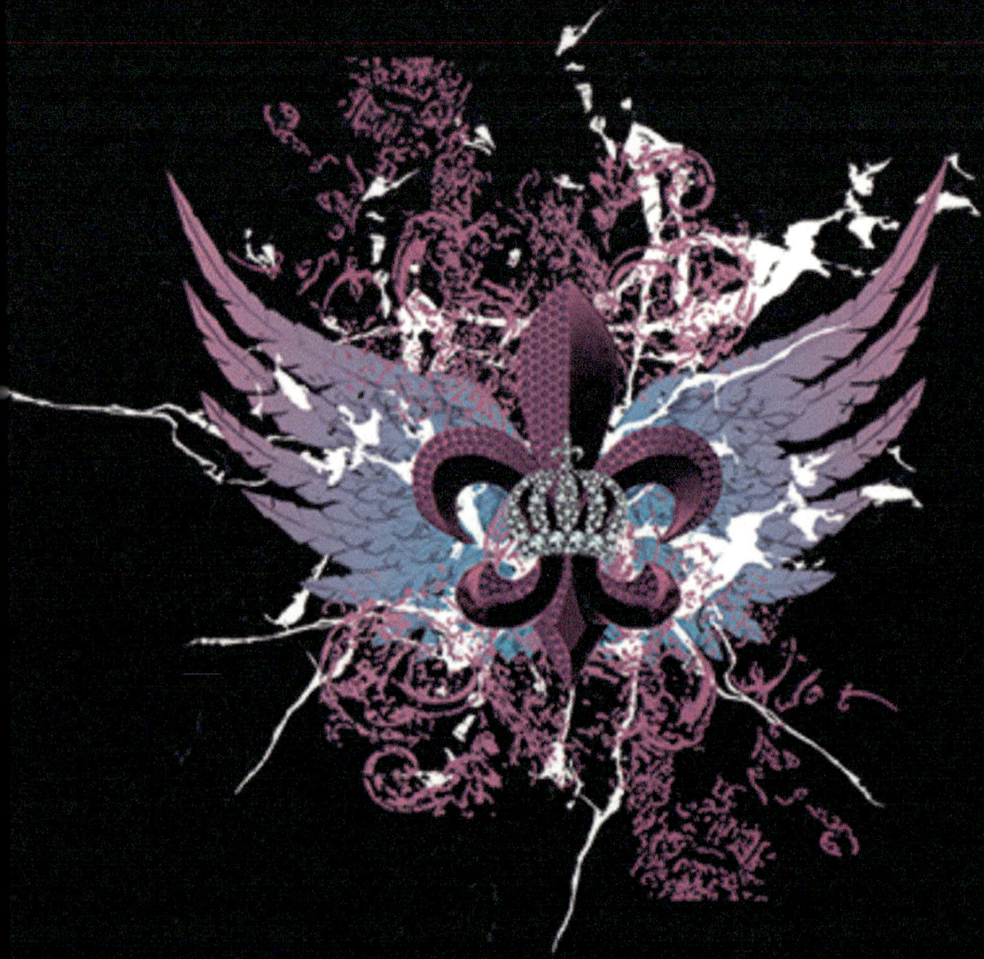

"

Glück ist kein Geschenk der Götter,

sondern die Frucht innerer Einstellung

"

Erich Fromm

Die richtige Einstellung

Solltest du der Auffassung sein, berühmt zu werden sei für dich selbstverständlich, es stünde dir gewissermaßen als eine Art Geburtsrecht zu – vergiss es am besten sofort! Es hindert dich nur, dein Ziel zu erreichen. Diese oder ähnliche Denkweisen sind im Gegenteil nur ein Garant dafür, dass dein Plan nicht aufgehen wird. Denn damit überzeugst du niemanden von dir, schon gar nicht erfolgreiche Menschen, die dir auf deinem Weg helfen könnten. Auch sitzt du einem großen Irrtum auf, wenn du denkst, es sei leichter, berühmt und erfolgreich zu werden, als einem normalen, anstrengenden Job mit geregelter Arbeitszeit nachzugehen. Wenn du dich entschließt, selbstständig zu werden, dann bedeutet das, ab sofort selbst und ständig an deinem Ziel zu arbeiten!

Um andere von deiner Großartigkeit zu überzeugen, musst du dir auch selbst sehr bewusst sein. Da wir alle miteinander verwoben sind, spüren wir instinktiv, ob unser Gegenüber eine starke, gefestigte Persönlichkeit ist oder eher fahrig und unsicher. Ob jemand von dem, was er in der Öffentlichkeit propagiert, auch wirklich überzeugt ist oder anderen und sich selbst nur etwas vormacht.

Wenn du dich nicht selbst als Superstar siehst, werden dich andere auch niemals so wahrnehmen. Um groß zu werden, solltest du so agieren, als sei dein Ziel schon geschafft und als hättest du bereits deine angestrebte Größe erreicht. Große Menschen denken großzügig. Versuch deshalb in jeder Hinsicht in großen Dimensionen zu denken, sowohl beruflich als auch im täglichen Miteinander. Wer groß denkt, hat auch ein großes Herz und Verständnis für seine Mitmenschen, deren Befindlichkeiten und Unzulänglichkeiten. Strahle Souveränität, Zuversicht und Gelassenheit aus und sei stets höflich gegenüber anderen Menschen.

Ich lade dich zudem herzlich dazu ein, so viele Biografien berühmter Menschen wie möglich zu lesen, um herauszufinden, wie diese ihr Ziel erreicht haben, mit welchen Widrigkeiten sie zu kämpfen hatten und wie sie diese bewältigt haben. Auch ist es ratsam, die eigene Allgemeinbildung zu schärfen und etwa Fremdsprachen zu lernen. Du willst und solltest ja in der Welt herumkommen und kannst nur darüber deinen Bekanntheitsgrad international fördern.

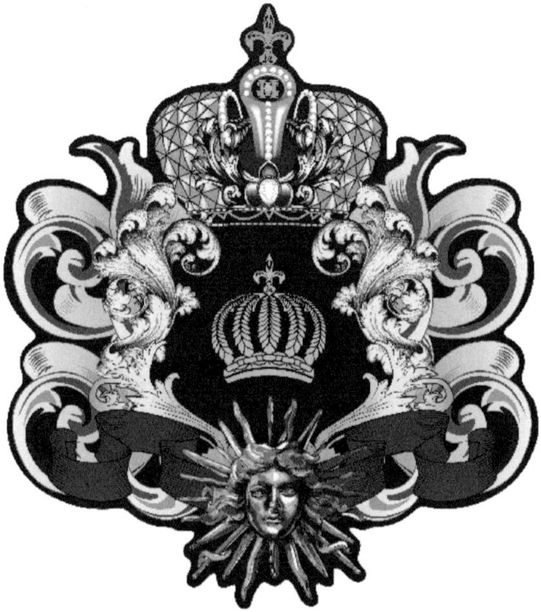

”

Es ist die Idee und nicht der Schweiß, was Menschen und Nationen vorwärts bringt.

“

Emil Oesch

Schritt für Schritt!

Du solltest besser nicht davon ausgehen, über Nacht zum Star zu werden. Ich selbst habe manches Mal das Gefühl, 30 Jahre gebraucht zu haben, um über Nacht berühmt zu werden. Es gibt natürlich Ausnahmen: diese Glückskinder, die urplötzlich in ihrem Leben auf eine Person treffen, die ihnen eine Modelkarriere oder Hauptrolle in einem Hollywoodfilm zukommen lässt. Darauf zu hoffen und zu warten kommt einem Lottogewinn gleich. Sollte dir ein solcher Glücksfall widerfahren sein, dann lege dieses Buch getrost beiseite und lies erst gar nicht weiter. Wenn dem aber nicht so ist, solltest du meiner Einladung zu einem Coaching durch dieses Buch weiterhin folgen.

Zuerst ist es wichtig, deine Umwelt so gut wie möglich auf dich aufmerksam zu machen, eine Bekanntheit deiner Person zu generieren. Es ist zu diesem Zeitpunkt noch unerheblich, für wen, mit oder über was du berühmt wirst, Hauptsache du wirst bekannt und von anderen erkannt. Arbeite dich von deinem aktuellen Wohnort aus vor und ziehe mit der Zeit immer größere Kreise: vom Dorf zur Stadt, von da aus zu deiner Region, dem jeweiligen Bundesland, dem ganzen Land, dem Kontinent und schließlich der Welt. Trotzdem sollte das nicht planlos geschehen. Entwirf einen Reiseplan mit den Stationen, die für dein Fortkommen wichtig erscheinen – denn das sollte es doch werden, die großartigste Reise deines Lebens.

Ruhm und Erfolg sind zwei untreue Liebhaber. Mache das, was Du tust, mit großer Leidenschaft – und mit hoher Wahrscheinlichkeit bleiben sie Dir treu.

Micaela Schäfer

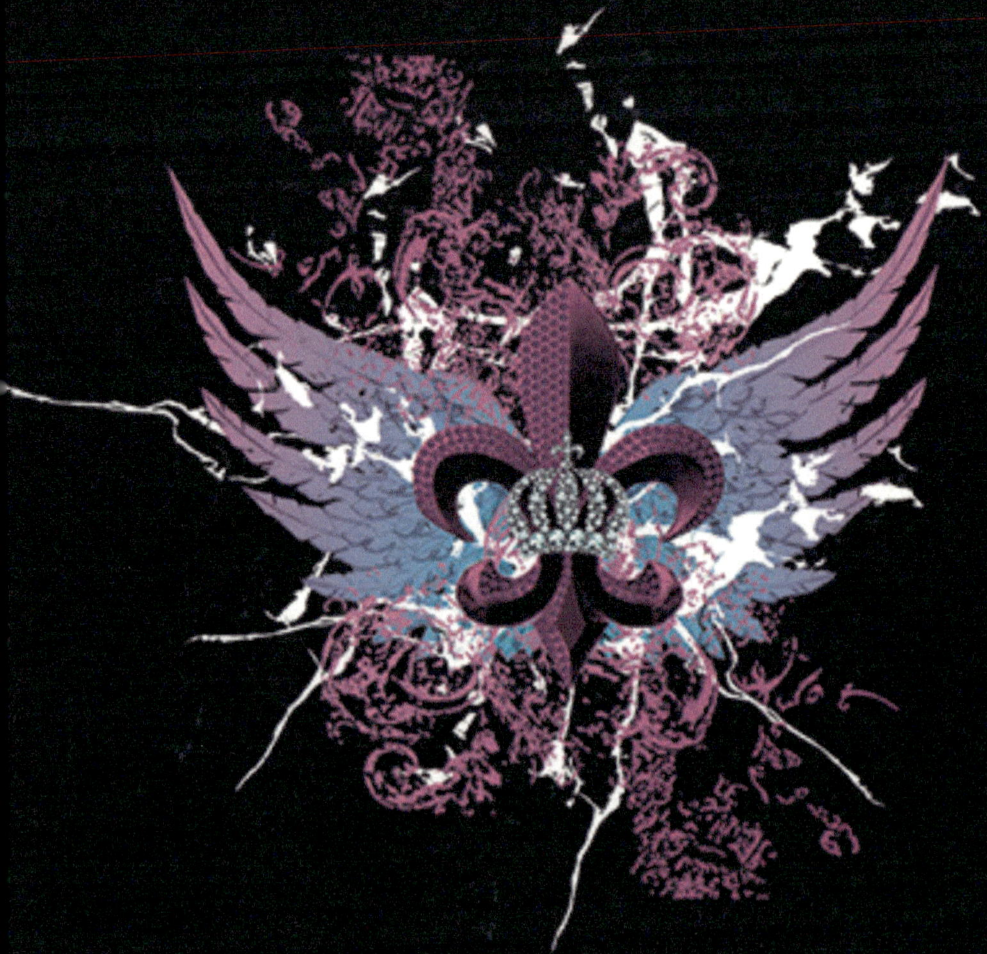

”

Management ist nichts anderes als die Kunst,

andere Menschen zu motivieren.

“

Lee Iacocca

Selbstvermarktung!

Da du zu diesem frühen Zeitpunkt sicher noch nicht in der Lage bist, ein Managementteam hinter dir zu versammeln und es zu bezahlen, um dich zu vermarkten, eine Vermarktung aber absolut notwendig ist, musst du das zunächst selbst in die Hand nehmen. Manches Mal wird das zunächst sehr schwer für dich sein. Doch später, wenn du einmal erfolgreich bist, wirst du es vielleicht sogar vermissen, nicht mehr alle Entscheidungen alleine treffen zu können.

Um nachhaltig berühmt zu werden, muss dich jemand vermarkten und auf dich aufmerksam machen. Mach dich bei anderen wichtigen Personen bekannt, weise auf dein Talent, deine Vorhaben und Aktivitäten hin. Nur wer seinen Wunsch nach Ruhm ausspricht und die erste Priorität darin setzt, dieses Ziel auch zu erreichen, wird es schaffen. Sprich mit der örtlichen Presse, komm in Kontakt mit wichtigen Multiplikatoren und Persönlichkeiten, bringe dich ins Gespräch. Trage immer Visitenkarten bei dir, leg dir im Internet eine Homepage an mit wenigen ausgesuchten Informationen über dich. Gib dir einen Künstlernamen und schreibe diesen in großen Lettern auf die Website, darunter den Hinweis auf dein Management und eine entsprechende E-Mail Adresse.

Angenommen, du nennst dich Billy Hammer, dann steht da zum Beispiel:

Management Billy Hammer

managementbillyhammer@gmail.com

Darunter platziere:

Booking Billy Hammer

bookingbillyhammer@gmail.com

Diese E-Mail Adressen müssen natürlich existieren und in Funktion sein.

Danach machst du eine Sparte für Produkte und setzt dort ein paar von dir designte T-Shirts ein und schreibst: Preis auf Anfrage. Das macht es für den Besucher deiner Website interessant.
Du solltest dabei nicht den Hinweis versäumen, dass sich dein Geschäft momentan noch im Aufbau befindet. Lass dir professionelle Autogrammkarten drucken, auf denen der Booking und Management Kontakt auf der Rückseite angegeben sind. Überleg dir, wie du dich optisch herausstellen willst, welche Ausstrahlung du haben, wie auf deine Mitmenschen wirken und welche Aussage über deine Person du der Umwelt vermitteln möchtest. Scheue dich nicht, dabei dick auftragen – es kann gar nicht fett und großartig genug sein. Denn eines ist so klar wie Kloßbrühe: Da du noch völlig unbekannt bist, dich außerhalb deines Umfelds niemand wirklich kennt, geschweige denn verehrt oder ein Autogramm von dir haben will, musst du dem Ganzen kräftig nachhelfen. Dabei kommen dir die vielen Castingshows im Fernsehen sehr entgegen, in denen angeblich Menschen über Nacht zu Superstars gemacht werden: Nahezu kein Mensch blickt da wirklich noch durch – beim Bachelor, einem Gesangs oder Supermodel Contest und wer dort auch immer wirklich mitgemacht hat. Eine großartige Autogrammkarte ist jedenfalls wie eine gute Eintrittskarte. Wenn du es bis hierher geschafft hast, beginne mit dem Verwirrspiel.

Als Allererstes solltest du versuchen, dir einen eigenen Fanclub aufzubauen, den du überallhin mitbringen kannst. Da dich momentan noch keiner kennt, niemand etwas von dir will, brauchst du entsprechende Unterstützung. Bei einem großen Event siehe zum Beispiel zu, dass am roten Teppich bei den Fans jeweils ziemlich am Anfang, in der Mitte und am Ende jemand von deinen Leuten steht. Als Nächstes solltest du dir eine glaubwürdige Fassade verpassen, denn man wird dich fragen, wer du eigentlich bist und was du machst.

In den Zeiten von Social Media ist es eigentlich gleich, für was du berühmt bist, Hauptsache du bist es. Ich empfehle dir allerdings nicht, dich als etwas auszugeben, was du nachweislich gar nicht sein kannst, sondern gestalte dich und deine Auftritte eher geheimnisvoll. Am besten gibt man sich als wandelndes Kunstwerk aus, als eine Installation auf zwei Beinen. Das bietet dir die Gelegenheit, dich so exzentrisch und abgefahren wie möglich zu kleiden und erst einmal kräftig aufzufallen. Trage zum Beispiel ein selbstentworfenes, knallbunt designtes künstlerisches Shirt als auffälligen, leicht wiedererkennbaren Bestandteil deiner Garderobe. Es muss nicht einmal schön sein, sondern nur signifikant anders. Selbst wenn ich nichts anderes zu bieten gehabt hätte als meine großartigen Auftritte auf roten Teppichen und Events, wäre ich sicherlich ein Star geworden. Teile den von dir am roten Teppich platzierten Helfern mit, dass sie dich bitte als exzentrischen, coolen Künstler verkaufen sollen. Auch deine Ankunft bei der Veranstaltung am roten Teppich sollte gut inszeniert sein. Wenn es einen Limousinen oder VIP Service gibt, dann schaue zu, dass du vorgefahren wirst. Wie du das anstellst, musst du herausfinden, organisiere es, sei kreativ und lass dir etwas einfallen. Stelle zum Beispiel fest, welche Firma den VIP Service sponsert, und schau, dass du Zugang bekommst. Überlege, ob du jemanden von den anderen VIP Gästen kennst oder VIPs kennst, die dich in ihrer Limousine mitnehmen würden. Eine andere Möglichkeit ist es, einen der Fahrer ausfindig zu machen, der gegen eine kleine »Aufmerksamkeit« von dir bereit ist, dich vorzufahren. Lass dir einfach etwas einfallen, dies ist eine gute Übung und wird sicherlich nicht die schwierigste Aufgabe deines Lebens sein, also bewältige sie mit Bravour. Nehmen wir also an, du seist nun vorgefahren und steigst aus der Limousine. Achte darauf, ziemlich früh anzukommen, wenn erst wenige prominente Gäste vor Ort sind und die Presse Langeweile und daher noch viel Zeit hat. Kaum hast du einen Fuß aus der Limousine gesetzt, da kreischen deine Leute schon hysterisch und skandieren deinen Namen. Du gehst direkt zu ihnen, sie machen Handyfotos mit dir, und du schreibst die ersten Autogramme.

Daraufhin werden die ersten Leute links und rechts von deinen Fans auch rein vorsorglich einige Fotos mit dir machen und ein Autogramm von dir haben vollen. Die wissen zwar zu diesem Zeitpunkt nicht, wer du bist, aber da deine Freunde, von denen die anderen ja nicht ahnen, dass ihr euch kennt, so hysterisch auf dich reagieren, gehen sie automatisch davon aus, dass du bekannt bist, sie selbst aber peinlicherweise eben nicht wissen, wer du eigentlich bist. In der Zwischenzeit bittet dich einer deiner Freunde, ein Autogramm von dir auf sein T-Shirt oder seine Handyhülle zu schreiben, und erklärt lauthals, dass es nun richtig viel wert sei. Der Mensch um ihn herum erklärt danach, dass du ein großer Künstler bist und das T-Shirt, das du trägst, von dir selbst entworfen, aus deiner Kollektion sei und du quasi der neue Shootingstar seist. Shootingstar ist immer eine gute Bezeichnung, denn es hört sich vielversprechend an, der Erfolg liegt in der Zukunft und muss momentan noch nicht unter Beweis gestellt werden. Dasselbe Szenario lässt du dann nochmals in der Mitte des roten Teppichs aufführen bei der zweiten Gruppe deiner eigenen Leute. Das erweckt Interesse sowohl beim Veranstalter als auch bei der Presse und generiert Aufmerksamkeit. Dem Veranstalter liegt schließlich daran, dass auf dem roten Teppich die Post abgeht, und solange die großen Stars noch nicht zugegen sind, bist du für ihn ein wahrer Segen.

Zwischenzeitlich bist du dann wohl auch den Fotografen aufgefallen. Auch sie wissen zwar nicht, wer du bist. Aber du kannst zu diesem Zeitpunkt durchaus wagen, nun auf ihre Seite zu wechseln, denn der eine oder andere wird dich vorsichtshalber fotografieren, da momentan noch nicht viel los ist. Reiche deine Autogrammkarte mit deinem Namen und Kontaktdaten umher, daraufhin werden dich wahrscheinlich noch weitere Fotografen ablichten – auch sie bekommen ständig eine Karte von dir.

Damit hast du einen sehr großen Schritt gemacht, denn bei diesen Events sind fast immer dieselben Fotografen vor Ort, und somit bist du das nächste Mal kein Fremder mehr, sondern quasi schon ein bekanntes Gesicht. Höflichkeit zahlt sich auch hierbei immer aus. Deshalb bedanke dich höflich bei denen, die dich fotografiert haben und geh weiter – auch das bleibt in Erinnerung und zeigt deine Größe.

Eine weitere Möglichkeit, dich professionell zu inszenieren und dadurch bekannt zu machen, könnte die folgende sein: Such dir ein Fünf-Sterne-Hotel in deiner Stadt oder Umgebung aus, mach dich zurecht und geh in dessen Lobby. Beim Eintreten sprichst du den Doorman an und sagst: »Guten Tag, ich hätte da mal bitte eine Frage.« Daraufhin wartest du seine Antwort ab und fährst fort: »Ich bin bei Ihnen zum

Kaffee verabredet, bekommt man diesen in der Lobby, oder haben Sie noch ein eigenes Café?« Wenn er antwortet, es gebe noch ein Café, setzt du dich trotzdem in die Lobby, und zwar so, dass sowohl der Doorman als auch die Herrschaften an der Rezeption dich im Auge haben. Du bestellst dir einen Drink, begibst dich dann an die Rezeption, überreichst deine Autogrammkarte und sagst, dass wenn ein Herr Müller nach dir fragen würde, man ihm doch bitte mitteilt, dass du in der Lobby sitzt.

Damit bist du auch bei ihnen vermerkt, und wenn nach einer Stunde natürlich Herr Müller gekommen ist, bezahlst du und lässt beim Gehen deine Autogrammkarte mit einem Zwanziger liegen. Deine Rechnung hat zwar nur zehn Euro ausgemacht, aber indem du zwanzig Euro als Trinkgeld gibst, machst du auf dich aufmerksam und dich zugleich bekannt und beliebt, so dass man über dich sprechen wird. Beim Verlassen des Hotels drückst du dem Doorman ebenfalls zwanzig Euro und eine Autogrammkarte in die Hand, bedankst dich, wünscht ihm einen schönen Tag und sagst »bis bald«.

Er wird auf der Autogrammkarte nach deinem Namen sehen, und wenn du das nächste Mal in das Hotel kommst, wird man dich gleich mit deinem Namen ansprechen.

Dies ist aus vielerlei Gründen interessant, zumal macht es Eindruck, unterstreicht deine Wichtigkeit, wenn du mit jemanden in das Hotel gehst. Und da du ja optisch sehr auffällig bist, werden andere Gäste früher oder später das Personal nach dir fragen. So wirst du mehr und mehr als Künstler bekannt – und eine gefragte Person.

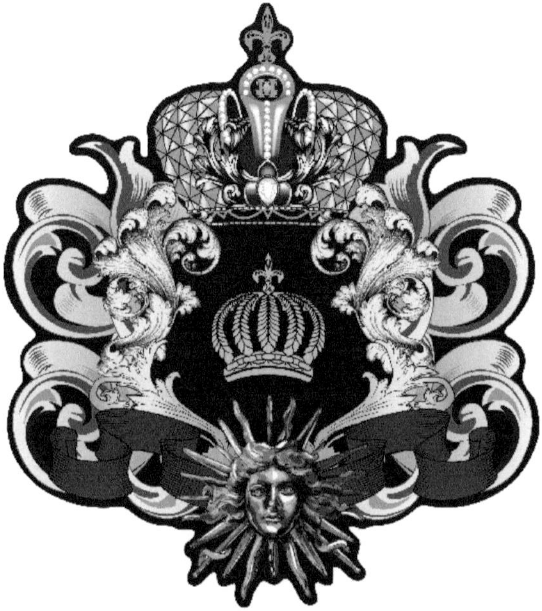

"

Ein Pessimist ist ein Optimist, der nachgedacht hat.

"

Unbekannt

Stimmungsmanagement

Ganz wichtig für dich ist es, über eine gute Stimmung zu verfügen und diese auch verbreiten zu können. Sie steckt andere Menschen an. Gute Stimmung bedeutet auch gute Schwingung, und so bekommt alles, was du sagst und tust, eine andere Aussagekraft, als wenn du in einem Tief stecken würdest. Auch hierbei gilt es, sich zu disziplinieren, eigene Schwächen zu erkennen und in Stärken umzumodeln.

Du solltest lernen, nicht mehr von deinen Emotionen und Gedanken getrieben zu werden, sondern diese selbst zielgerichtet zu steuern. Lerne, dich in die Gedanken und Gefühlswelt deiner Mitmenschen hineinzuversetzen und ihr Verhalten zu antizipieren.

Dazu bedarf es der Überwindung innerer und äußerer Widerstände und Ablenkungen. Wer nämlich über eine hohe Volition verfügt, hat es leichter, sich in positive Schwingungen und Stimmungen zu versetzen. Auch betrachtet er negative Gefühle nicht mehr gefühlsbetont, emotional, sondern hat gelernt, mit ihnen konstruktiv umzugehen. Das wiederum verschafft dir ein gestärktes Selbstvertrauen und ein hohes Durchsetzungsvermögen. Willensstarke, selbstbewusste Menschen, die sich ihrer Fähigkeiten und Unzulänglichkeiten bewusst sind, haben ein anderes Selbstvertrauen und ruhen in sich selbst. So finden sie immer wieder Mittel und Wege, aus schwierigen Situationen und Sackgassen zu kommen und Herausforderungen brillant zu meistern. Am besten verstehst du deinen Weg zu Anerkennung und Ruhm als ein großartiges Experiment, eine Expedition, ein wundervolles Spiel. Denn spielerisch fällt uns alles leichter, da wir damit den Ernst beziehungsweise vermeintlichen Ernst einer Situation nicht registrieren. Solche Menschen sind immer vorausschauend, lösen aufkommende Probleme umgehend, anstatt diese lange und mühsam vor sich herzuschieben. Mit Problemen ist es wie mit einem Schneeball: Erst ist er ganz klein, und je länger wir ihn vor uns herrollen, desto größer wird er – bis er schließlich eine Lawine auslöst. Das gilt es für dich auf jeden Fall zu vermeiden.

Heutzutage kann jeder in die Öffentlichkeit gehen. Egal, ob als Youtuber, Influencer via Instagram, Twitter oder anderen Medien. Die große Kunst ist es aber, Nachhaltigkeit und Disziplin in seinem Beruf zu bewahren. Denn berühmt werden kann heute jeder, aber die Kunst ist es, berühmt zu bleiben.

Julian F. M. Stoeckel

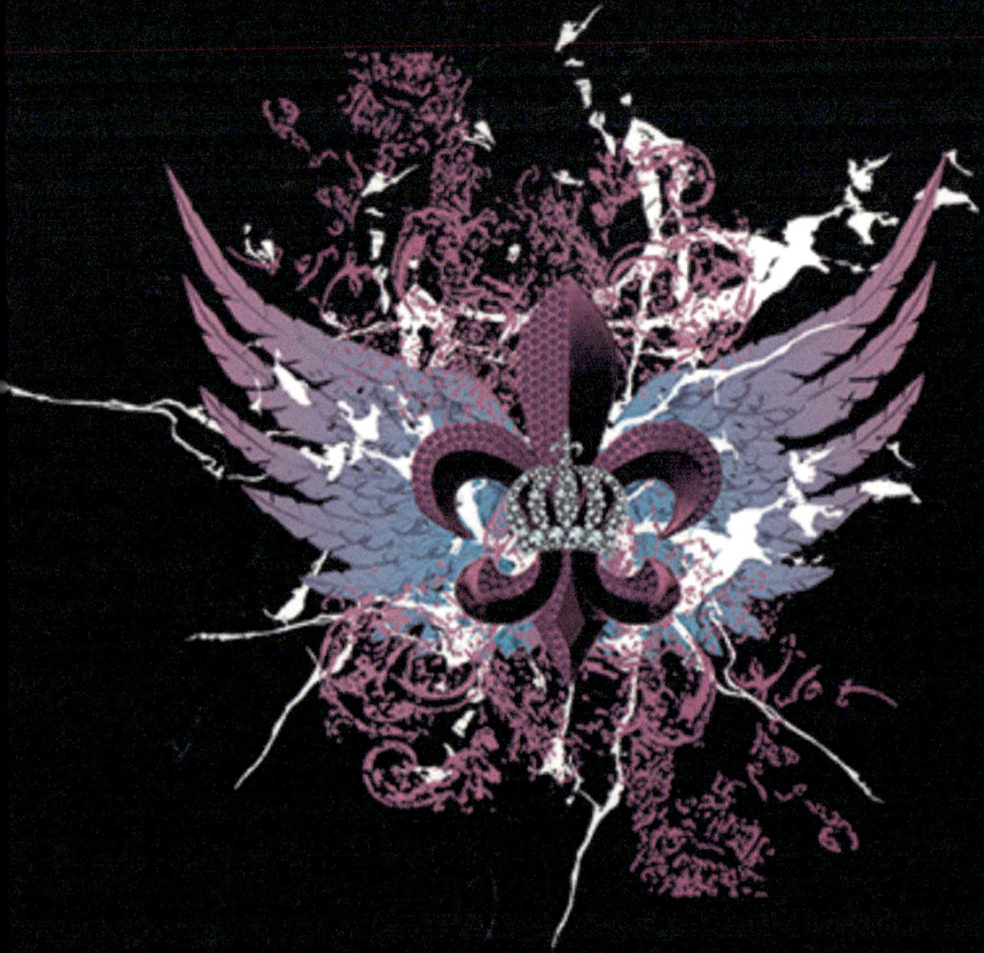

"

Je üppiger die Pläne blühen, desto verzwickter wird die Tat.

"

Erich Kästner

Der Plan

Deine Reise, um Star zu werden, muss perfekt geplant und konsequent verfolgt werden. Niemand wird zu einer Berühmtheit ohne einen gut durchdachten Plan. Dabei geht es vorab nicht, wie viele von euch jetzt vielleicht vermuten, um die Planung deiner Zukunft, sondern vielmehr um das Vorbereiten auf eine ungewisse Zukunft.

Denn zunächst ist noch alles offen für dich. Man kann zwar das Ziel definieren, den Weg grob skizzieren, sollte aber immer mit kleineren bis größeren Umwegen rechnen. Dein Weg wird niemals nur geradeaus gehen. Das hängt damit zusammen, dass man auch in sich selbst wachsen muss. Viele denken, man würde nur äußerlich ein Star, aber innerlich könne alles beim

Alten bleiben. Das ist ein großer Irrtum. Man muss sich auch energetisch, spirituell und seelisch weiterentwickeln. Wie innen, so außen ...

Genauso ist es mit angeeignetem Wissen. Dieses hilft einem allerdings nur über das eigene Handeln, denn Wissen, das brach liegt, wird vergehen. Zum Handeln jedoch ist die Fähigkeit zur Selbststeuerung notwendig. Selbststeuerung und Selbstdisziplin sind weitaus wichtiger für den Erfolg als Fach oder Sozialkompetenz.

Du benötigst zuerst einen Plan zum Erreichen des Ziels und ein Konzept zur Weiterentwicklung der Motivation. Ohne Motivation, ohne dich selbst und andere immer wieder zu begeistern und zu motivieren, wirst du niemals ans Ziel kommen. Des Weiteren solltest du immer einen Abgleich machen zwischen dem Streben zum Ziel und dem bislang erreichten Resultat. Viele machen den Fehler und verlieren ihr Ziel bereits nach den ersten Schritten schnell wieder aus den Augen, oder sie hatten nie eines wirklich konkret ausformuliert. Andere wiederum ruhen sich gleich auf den ersten kleinsten Erfolgen aus und feiern sich schon kräftig als vermeintlicher Star. Wenn du nicht bereit bist, dich ständig weiterzuentwickeln, dich zu hinterfragen, deinen Plan der momentanen Situation anzupassen, Momente und Chancen zu erkennen, wirst du das große Ziel niemals erreichen. Unsere Mitmenschen spüren intuitiv, wer zielorientiert bei der Sache ist oder aber vom Weg abdriftet, den Faden verloren hat. Du solltest ständig bereit sein, dich weiterzuentwickeln, deine Persönlichkeit zu formen und zu verfeinern.

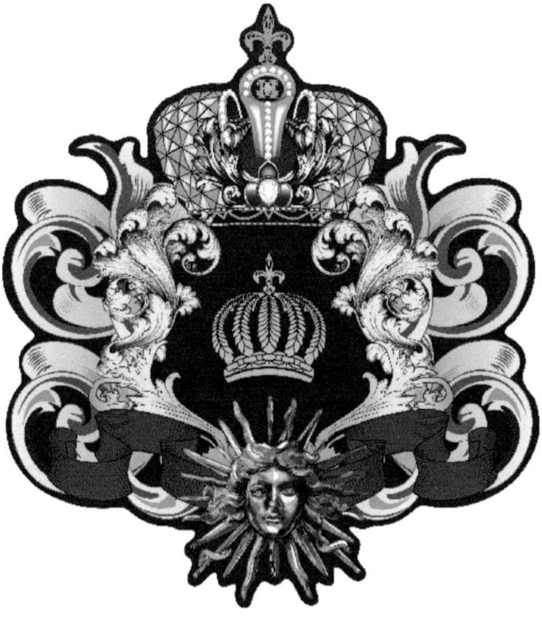

”

Die Sprache ist

die Kleidung der Gedanken.

“

Erich Kästner

Sprache verfeinern!

Du solltest unbedingt deine Sprache, das Sprechtempo, die Stimmpräsenz, deine Betonungen und Sprachmelodie verfeinern. Dies sind extrem wichtige Faktoren für deine Glaubwürdigkeit und Persönlichkeitsbildung.

Wörter haben Macht! Sie können unsere Mitmenschen motivieren, überzeugen, bewegen, aufregen, verunsichern oder beruhigen. Die Wirkung unserer Worte auf die Mitmenschen sollten wir keinesfalls unterschätzen. Dabei kommt es nicht nur darauf an, was man sagt, sondern vielmehr auch, wie man etwas sagt. Die Tonlage und der richtige Umgangston sind dabei elementar. Erst wenn die persönliche Ausstrahlung sowohl in der Optik als auch Gestik und Mimik mit dem gesprochenen Wort übereinstimmt, überzeugen wir unsere Mitmenschen. Anhand unserer Sprache, des Sprachausdrucks, der gewählten Worte, verraten wir, woher wir kommen, woher wir stammen. Unsere Stimme ist ein machtvolles Instrument, das professionell eingesetzt werden sollte. Wir hören nicht nur darauf, was jemand sagt, sondern wie es gesagt und gemeint ist. Professionelles Sprechen ist deshalb eine elementare Voraussetzung für den großen Erfolg. Je nachdem, was wir erreichen wollen, müssen wir darauf unsere Sprechweise ausrichten und Sprachmittel auswählen.

Wir sollten auch immer hinterfragen, wie unser Gegenüber sich fühlt, während wir sprechen. Interessante Redeinhalte verlieren rasch an Wirkung, wenn es am passenden Redestil mangelt. Wir können dann nicht überzeugen, und unsere Botschaft bleibt ungehört. Unsere Prägung erfahren wir Menschen durch die Umwelt und die Summe unserer gemachten Erfahrungen.

Zusammen mit der Veranlagung und abhängig von einer mehr oder weniger anspruchsvollen Ausbildung erfahren wir in unserem Sprachausdruck unseren ganz eigenen Stil, der wiederum unsere Herkunft und gesellschaftliche Stellung widerspiegelt. Wenn also der Sprachausdruck nicht einhergeht mit der übrigen Ausrichtung unserer Persönlichkeit, wirken wir unglaubwürdig und können kein Vertrauen bei anderen aufbauen – oder verlieren es wieder.

”

Im Leben muss man ständig

zwischen Aufrichtigkeit und Höflichkeit wählen.

“

Sophia Loren

Höflichkeit als Grundprinzip

Höflichkeit ist leicht zu praktizieren, sie kostet dich nichts, hinterlässt aber einen guten Eindruck und ist in unserer heutigen Zeit Mangelware geworden. Höfliche Menschen werden geschätzt, sind beliebt und gern gesehene Gäste. Es entspringt einem inneren Bedürfnis, anderen Menschen Gutes zu tun. Höfliche Menschen strahlen Güte und Herzenswärme aus. Wer allerdings meint, er habe mit einer nur aufgesetzten, berechnenden Höflichkeit auf lange Sicht Erfolg, täuscht sich gewaltig und wird schnell

entlarvt werden. Gelebte vollendete Höflichkeit beinhaltet stets auch das Beherrschen der eigenen Emotionen. Die Verfeinerung deines Verhaltens in dieser Hinsicht ermöglicht es dir, auf Provokationen und Beleidigungen stets gelassen zu reagieren. Dies wiederum unterscheidet den gebildeten, zivilisierten Menschen vom Neandertaler. Wer stets höflich bleibt, ist im Vorteil.
Viele Stars oder solche, die sich dafür halten, denken, es gehöre zum vornehmlichen Habitus einer Berühmtheit, exaltiert, hochmütig, abweisend und arrogant zu wirken. Auch dies ist eine völlige Fehleinschätzung: Wirkliche Stars sind zugleich großartige Menschen, sonst wären sie nicht so weit gekommen. Und großartige Menschen sind dankbar, rücksichtsvoll gegenüber ihren Mitmenschen. Denn sie handeln ganz nach dem Prinzip der Resonanz, wonach alles, was man in die Welt trägt, irgendwann zu einem zurück kommt.

Du brauchst zwei Dinge, um erfolgreich zu werden: Talent und Durchhaltevermögen!

Nevio Passaro

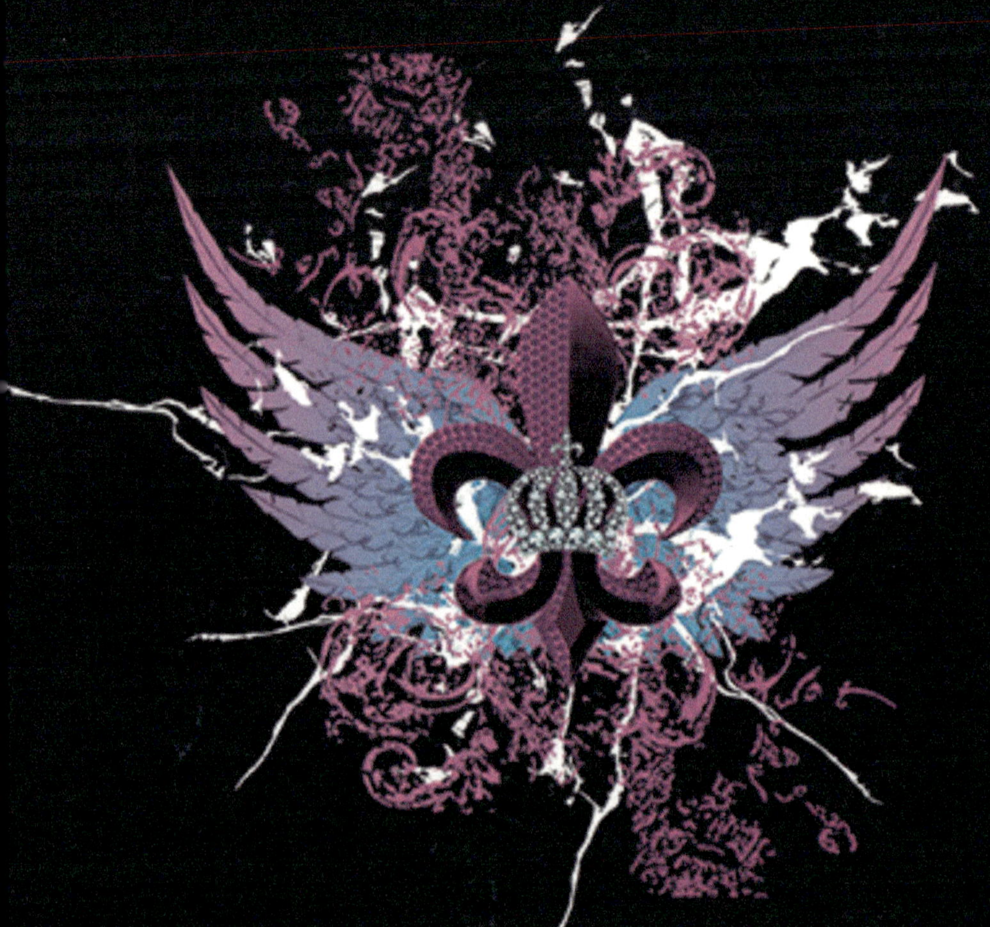

”

Keine Beleidigung würde mich

so hart treffen,

wie ein misstrauischer Blick von einem meiner Hunde.

“

James Gardner

Nimm nichts persönlich!

Sei darauf vorbereitet, dass auf deinem Weg nach oben nicht selten Häme, Hass, Bösartigkeit und unberechtigte, vernichtende Kritik auf dich einprasseln. Mein Rat: Lächle einfach darüber hinweg, lass sie nicht an dich heran, bleib ruhig und gehe nicht damit in Resonanz. Du solltest in deinem eigenen Interesse schnell lernen, nichts persönlich zu nehmen und nicht allzu viel auf die Meinung anderer zu geben. Mach dir klar, dass wir andere Menschen, Geschehnisse und Situationen niemals neutral wahrnehmen, sondern unsere Auffassung von

Dingen und Geschehnissen und unsere Weltanschauung stark durch unsere Emotionen geprägt werden. So ist es denkbar, dass wir etwas, was wir eigentlich sehr gerne mögen, in einer depressiven oder negativen Stimmung ablehnen, oder Menschen verurteilen, die eigentlich für uns gut und wichtig sind. Vor allem unsere durch Erziehung und Erlebnisse geprägte Sicht auf die Welt lässt uns alles um uns herum nur durch diese subjektiv gefärbte Brille wahrnehmen. Wenn man dir von Kind an erzählt hat, dass man Hunden nicht trauen könne, wird sich dieses Vorurteil bewusst oder unbewusst früher oder später auf deine Wahrnehmung auswirken. Wenn unsere Mitmenschen also vorwiegend emotional reagieren, dann hat das häufig wenig mit dir zu tun, sondern viel mehr mit deren eigenen Lebenseinstellungen und Person. Oftmals verurteilen wir Facetten an anderen, die wir eigentlich selbst gerne hätten oder die wir zwar besitzen, sie uns jedoch nicht zugestehen, weil unsere Erziehung verhindert, dass wir aus uns herausgehen und – statt in unserer wahren Größe zu leben – uns klein und unscheinbar fühlen. Also hat die Person, die etwas an uns verurteilt, kein Problem mit uns, sondern mit sich selbst – wir spiegeln es ihr nur wider. Deshalb macht es keinerlei Sinn, die Reaktion des Gegenübers zu werten, sondern besser nur sie zu registrieren – als bloße, vorübergehende Momentaufnahme.

Ich habe mir eine 20-Sekunden-Regelung angewöhnt: Ich bleibe maximal 20 Sekunden an oder in einer Situation haften, und dann lasse ich diese los. Zeit ist ein knappes Gut, die du auf dem Weg zum Erfolg nicht vergeuden solltest. Außerdem solltest du deinen Fokus nicht verlieren – und genau das passiert mit dir, wenn du dich von Reaktionen anderer hinreißen lässt.

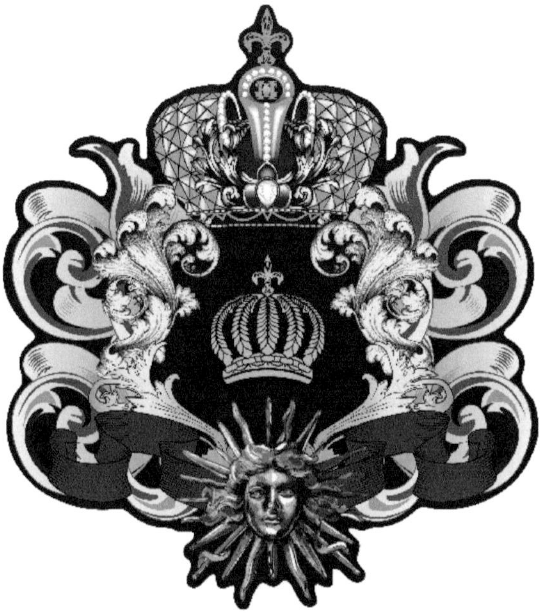

”

Vertrauen wird dadurch erschöpft,

dass es in Anspruch genommen wird.

“

Berthold Brecht

Vertraue nicht den Falschen

Such nach einer Handvoll von Leuten, denen du bedingungslos vertrauen kannst. Mehr wirst du nicht finden, und mehr brauchst du auch nicht, deren Urteil du annehmen magst. Es gibt verschiedene Möglichkeiten, das zu bewerkstelligen.

Hierbei kann ich dir aber nur bedingt einen Rat geben, da nur du feststellen kannst, welche Variante zu dir passt. Ich bin der Meinung und es entspricht meiner Lebenseinstellung: Jeder bekommt mein Vertrauen, bevor er nicht bewiesen hat, dass er es nicht verdient. Mein Mann sieht das zum Beispiel ganz anders. Bevor er jemandem vertraut, muss die Person ihm vorab erst einmal den Beweis erbringen, dass sie sein Vertrauen auch wirklich verdient. Man sagt zwar im Volksmund »Vertrauen ist gut, Kontrolle ist besser«. Aber wenn du dir einbildest, dass du über eine solche Kontrolle Menschen wirklich führen kannst, irrst du gewaltig. Wer dich betrügen und hintergehen will, wird immer Mittel und Wege finden, das zu tun, denn es ist sein Programm.

Man muss die Handlungen anderer nicht verstehen, man muss sie aber auch nicht an sich heran lassen und vor allem deren Attribute nicht selbst annehmen. Man kann Menschen nicht wirklich ändern. Manche haben eine verzerrte Wahrnehmung oder wollen sich als Opfer fühlen. Wenn du dich mit diesen Menschen auf ein Gefecht einlässt, kannst du nur verlieren. Wie aber können wir feststellen, ob jemand integer ist oder nicht. Da ist zum einen das »Extinktionsgedächtnis«. Dieses ist ein halb bewusstes Areal in unserem Gehirn, von dem man annimmt, dass es sämtliche unserer Erfahrungen speichert. Wir kommen zwar nicht an alle heran, aber sie sind deshalb trotzdem vorhanden. Dieses Areal hat einen Einfluss auf unsere Entscheidungen. Wir bezeichnen es auch als Intuition. Wenn du also das Gefühl bekommst, einer Person besser nicht zu trauen, meldet sich dein Extinktionsgedächtnis und warnt dich: »Sei vorsichtig. Irgendetwas an dieser Person stimmt nicht.«

Unter Umständen erinnert es dich an eine schlechte Erfahrung, die du einmal gemacht hast. Wir nennen es auch unser Bauchgefühl. Es gibt aber noch viele andere Hinweise, an denen man erkennen kann, ob jemand vertrauenswürdig ist. Du kannst, wenn du mit einer Person sprichst, viel über seine Denkweise und sein Wertesystem erfahren. Wenn jemand zum Beispiel immer wieder über seine Mitmenschen herzieht, diese kritisiert und abwertet und vielleicht sogar mit vertraulichen Details aufwartet, kannst du mit großer Sicherheit davon ausgehen, dass er dasselbe bei Gelegenheit auch mit dir tun würde. Es gibt Menschen, die lieben es einfach, über andere herzuziehen, sie fühlen sich dabei überlegen, und sie sind richtig gut darin. Und wer gut selbst in einem solchen höchst menschenverachtenden Verhalten ist, wird es nur sehr schwer ablegen wollen. Lass dich auf solche im tiefsten Inneren ihres Wesens falschen Menschen besser nicht ein.

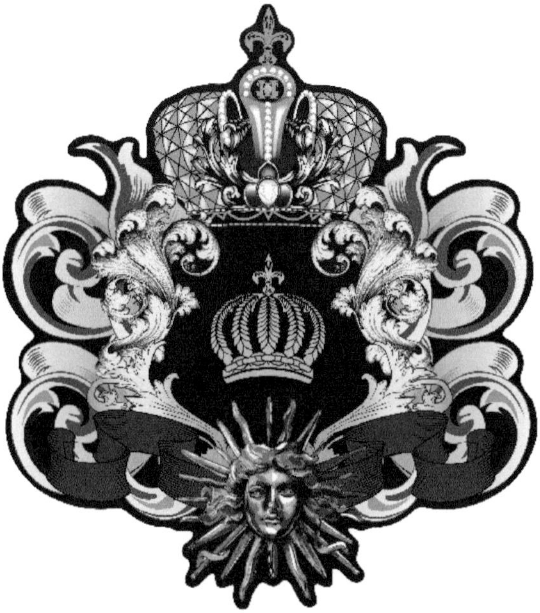

»

Eine Enttäuschung ist nichts anderes als die Aufhebung einer Täuschung.

«

Marc Buchmüller

Meteoriten

Es gibt Menschen, die sich im Dunstkreis eines Prominenten bewegen, um ihn kreisen wie Monde und Meteoriten um den Saturn. Hüte dich vor ihnen. Die meisten davon wollen nur schnell auf der Überholspur berühmt werden, ohne selbst etwas dafür zu tun. Sie sind oft infiltriert von Neid und Missgunst auf dich und deine Leistung, deine Stellung und deinen Lebensstandard. Früher oder später kommt dann der Augenblick, meist früher als später, wo sie dir ihre Verachtung entgegenschleudern, weil du und nicht sie im Blitzlichtgewitter im Mittelpunkt stehen. In Wirklichkeit hassen sie dich für alles, was dich ausmacht, was du besitzt und bist, weil sie es nicht haben, aber gerne so wie du wären und leben würden.

Solche Menschen geben vor, mehr zu sein, als sie

sind – sie sind Meister der Verstellung und der Täuschung. Ihr schwach ausgeprägtes Selbstbewusstsein mit teilweise übersteigertem Drang zur Aufmerksamkeit erschwert es ihnen, sich selbst und andere richtig einzuschätzen. Ihr mangelndes Selbstwertgefühl versuchen sie häufig mit gekauften Statussymbolen – im schlimmsten Fall mit billigen Kopien von Luxusmarken – aufzuwerten. Sie gehen fälschlicherweise davon aus, dass das keiner merkt. Doch einem geübten Auge bleibt ein solcher Betrug nicht verborgen.

Meine Erfahrung ist: Wer Fakes trägt, ist meist selbst Fake. Und der ständige Betrug, die Vortäuschung falscher Tatsachen, gepaart mit Hochstapelei, hinterlässt nicht nur in seinem Umfeld, sondern auch bei der Person selbst tiefe Spuren. Oft dienen sich solche Menschen einem als Hilfe, Manager oder Begleiter an, wozu sie meist überhaupt nicht geeignet sind. Vielmehr legen sie ein schlechtes Arbeitsverhalten an den Tag, handeln häufig, ohne nachzudenken, und auch organisatorisch haben sie meist nichts zu bieten, da ihnen der Überblick und jede Strategie fehlen.

Im Grunde genommen geht es ihnen nur darum, ihren eigenen Willen durchzusetzen und sich selbst in den Mittelpunkt zu drängen. Sie halten sich an keine Regeln, weil sie der Meinung sind, dass sie darüber stehen.

Solche Menschen nützen dir nichts, ganz im Gegenteil, sie schaden dir nur. Sie kosten dich Energie, Kraft und meistens auch Geld, da sie sich von dir mitschleppen lassen. Du solltest dich also unbedingt so schnell wie möglich von ihnen trennen.

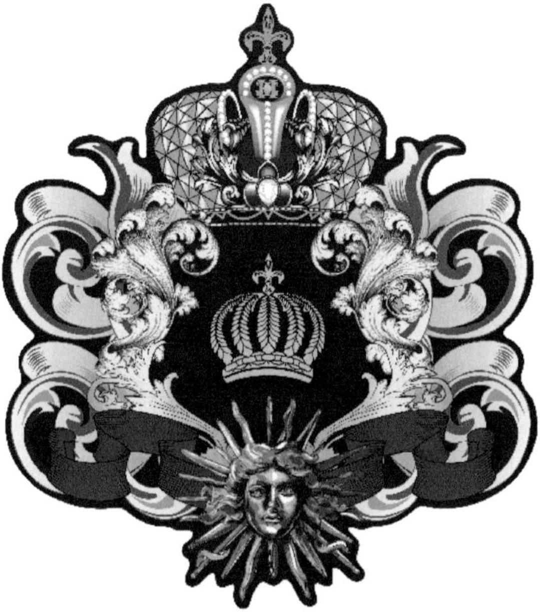

„*Die meist gebrochene Kette ist die Etikette.*“

Willy Meurer

Umgangsformen

Auch wenn ich dir auf deinem Weg zu Ruhm und Erfolg gern noch vieles andere mitgeben würde, als dies hier in beschränktem Umfang eines Buches möglich ist: Versäumen möchte ich nicht, auf etwas hinzuweisen, das mir besonders am Herzen liegt und eigentlich seit allen Zeiten selbstverständlich sein sollte, aber in der heutigen Zeit leider Gottes nahezu völlig abhanden gekommen ist: die Etikette, unsere Umgangsformen.

Wer nach ganz oben will, sollte auch wissen, wie man sich da oben benimmt. Wer begrüßt wen zuerst, wen stellt man wem vor, wie spricht man wen an, über was darf man beim Essen reden und über was nicht? Andere Länder, andere Sitten.

All diese Dinge sollte man wissen, verstehen und beherzigen. Mit dem Benehmen ist es wie mit der Höflichkeit: ein Zuviel kann kaum schaden. Gerade in Zeiten, in denen gutes Benehmen Mangelware ist, kannst du damit punkten, wenn du es meisterlich beherrscht. Allerdings gehört dazu auch immer eine gehörige Portion Anstand. Fehlt das eine, funktioniert das andere nicht. Grundsätzlich ist mir jemand, der zwar kein Benehmen, aber Anstand hat, lieber als umgekehrt. Doch in unserem Fall, wenn du mehr erreichen möchtest als andere, nach ganz oben gelangen willst, solltest du beides aus dem "effeff" beherrschen. Ich empfehle dazu idealerweise eine Art Crashkurs, zumindest eine Beschäftigung mit dem Hauptwerk des adligen Schriftstellers Adolph Knigge aus dem späten 18. Jahrhundert Sein Werk »Über den Umgang mit Menschen«, mit dem viele Generationen nicht nur aus höherem Hause lange Zeit groß geworden sind, gilt auch heute noch als das Nonplusultra für höfliches Benehmen. Es kann für dich auf deinem anspruchsvollen Weg nach ganz oben ein wertvoller Begleiter sein.

Wir sehen die Welt nicht
wie sie ist,
sondern wie wir sind.

Marc Galal

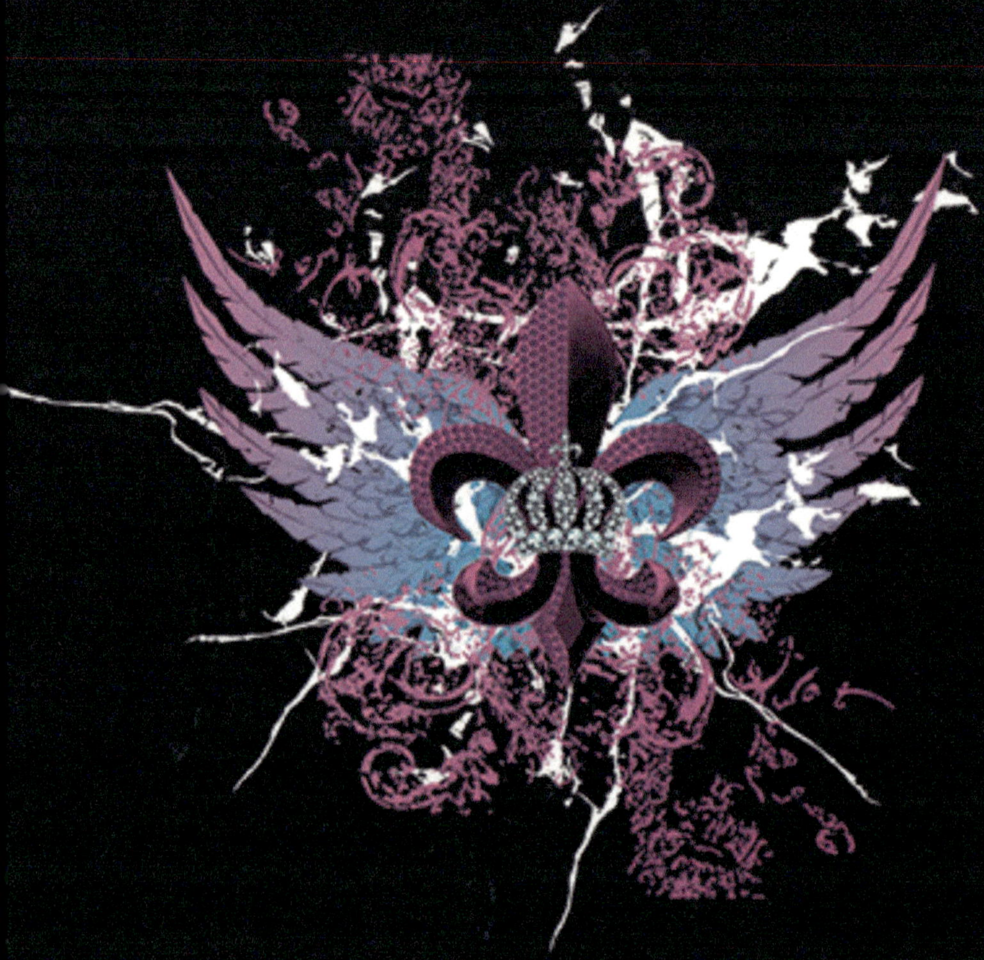

Geh deinen eigenen Weg!

Bis hierher, ganz am Ende meines Buches, wird dir hoffentlich eines klar geworden sein: Fame zu werden ist schon schwer, es zu bleiben noch viel mehr!

Berühmt zu werden ist ein Hardcorejob 24 Stunden täglich an sieben Tagen die Woche. Wer also dachte, das alles könne einem so nebenbei gelingen und den einmal erreichten Status könne man dann ohne weiteres Zutun dauerhaft erhalten, täuscht sich sehr. Man muss immer wieder sehr strukturiert und diszipliniert vorgehen. Es gibt dafür keinen allgemeingültigen Weg und auch keine wirkliche Überholspur. Jeder muss seinen eigenen finden und ihn konsequent und mit Klugheit verfolgen. Wir Menschen sind so unterschiedlich und komplex in unseren Wesen, dass keiner wie der andere ist. Dies bedeutet, dass man für sich einen eigenen Reiseplan auf dem Weg zum Star erarbeiten muss. Es gibt dabei Strategien und Abläufe, wie ich sie dir in diesem Buch ausschnittartig vorgestellt habe und die gut funktionieren und für viele anwendbar sind.

Doch ab einem gewissen Punkt musst du ganz individuell vorgehen. Du allein musst entdecken, mit was du und wie du berühmt werden willst. Was kannst du bieten, das sonst so keiner kann, was macht dich aus, was hast du Besonderes an dir, das deine Mitmenschen fasziniert , um was sie dich beneiden und zu dir hochschauen lässt? Wenn du das erst einmal gefunden hast, dann baue es aus.

Mache es groß, proklamiere es, dass es für jeden sichtbar und mit deinem Namen verbunden wird. Denk dabei auch darüber nach, was du der Welt bieten kannst und nicht umgekehrt, was sie für dich tut. Wenn du Menschen viel Gutes von dir schenkst, bekommst du es früher oder später wieder zurück. Wir Menschen sind berechnend und egoistisch. Der eine mehr, der andere weniger. Tatsache ist, dass wir Menschen, die uns »guttun«, lieben und gern in unser Leben lassen. Sei immer freundlich, verständnisvoll, charmant und verbindlich. Wenn du berühmt werden willst, musst du dich um andere kümmern, Verantwortung übernehmen.

Wer mehr sein will in den Augen der Gesellschaft, muss dieser auch immer mehr bieten. Weshalb sonst sollten sie dich verehren, bewundern und auf ein Podest stellen, wenn du ihnen nichts Besonderes gibst? Aber die Wahrheit ist auch: Du musst dich immer wieder aufs Neue beweisen. Um deinen Platz kämpfen, um ihn auch langfristig zu bewahren. Und wenn du einmal fällst, stehe gleich wieder auf. Denn nur eines lieben viele Menschen mehr als einen Hero! Einen Hero, der gefallen ist!

Merke dir daher bitte gut:
Hinfallen ist kein Problem, man darf nur nicht liegen bleiben. Hinfallen, aufstehen, Krone richten, weitergehen – so wirst du deine Ziele auch erreichen!

Ich wünsche dir dazu Mut, Entschlossenheit, einen unverbrüchlichen Glauben an dich selbst – und alles Glück dieser Welt!

Harald Glööckler

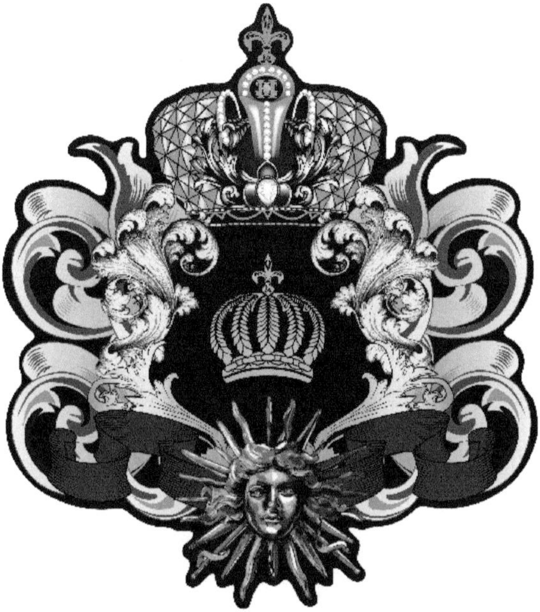

Es geht auch darum, Fußspuren auf dieser Welt zu hinterlassen. Das geht allerdings nur, wenn Menschen Deinen Namen kannten und Du Dir damit Einfluss erarbeitet hast.

Julien Backhaus

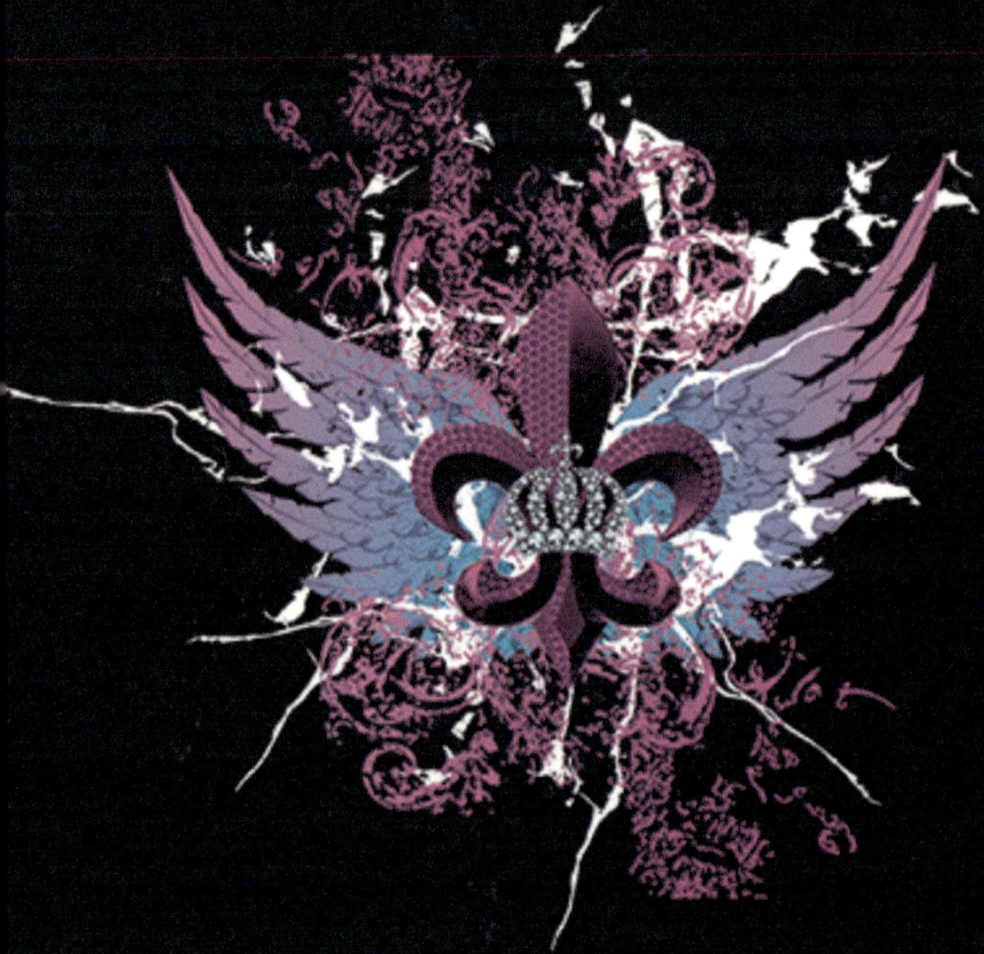

Weitere Werke

Harald Glööckler erklärt, wie jeder Mensch in schwierigen Zeiten glücklich und erfolgreich werden kann, ohne sich selbst zu verlieren.

Krise als Chance

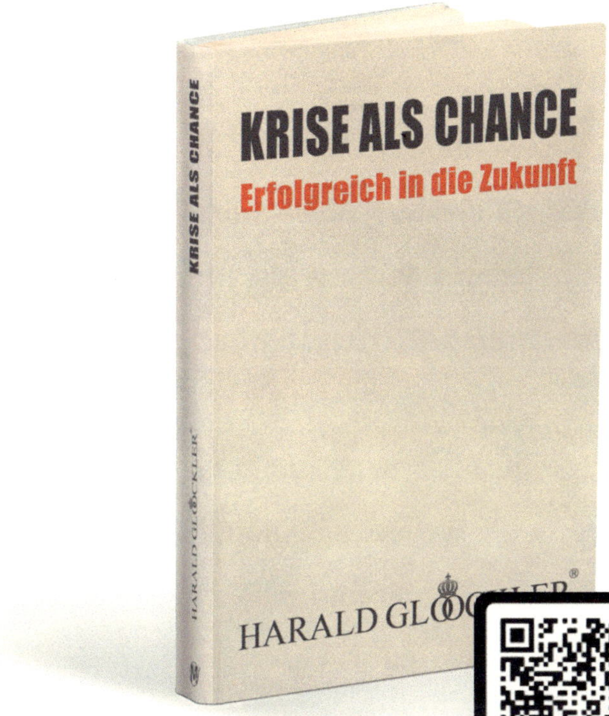

In seiner gesellschaftskritischen Auseinandersetzung widmet sich Harald Glööckler den Fragen:
Warum haben wir Menschen uns so entwickelt, dass wir unseren Planeten Erde zerstören, verwüsten, verschmutzen und andere Lebewesen quälen und töten?
Wie konnte es soweit kommen?
Dabei klagt Harald Glööckler jedoch nicht an. Er will die Verantwortung, die jeder Mensch selbst in sich trägt, weder an die Politiker, noch an die Gerichtsbarkeit abgeben.

„Es ist fünf vor zwölf, aber noch nicht zu spät, um unser Verhalten zu ändern, die Welle der Brutalität und Zerstörung zu stoppen und die Erde bunter und schöner zu machen."

Harald Glööckler vermittelt einfühlsam, wo wir heute stehen und welche Möglichkeiten uns bleiben, die Entwicklung der Welt positiv zu beeinflussen. Ein Plädoyer für ein Dasein in Liebe, Freundlichkeit und Verantwortung gegenüber der Natur und allen Lebewesen.

Vor Zwölf

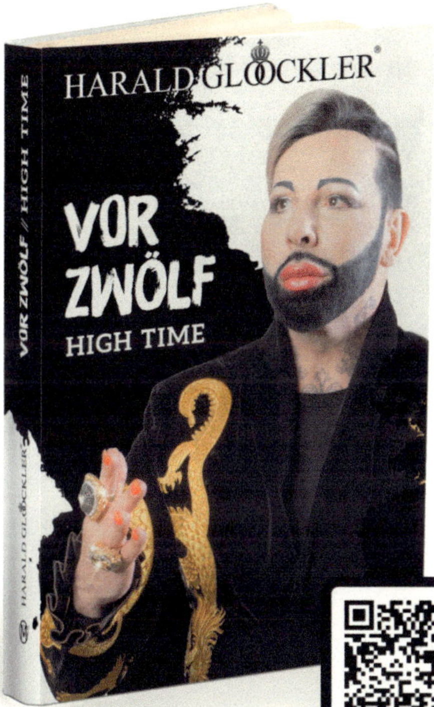

SCAN ME

Designer, Autor, Maler, Couturier, Multitalent und auf alle Fälle sehr pompöös: Das ist Harald Glööckler. Neben seiner schillernden Persönlichkeit überzeugt der Ausnahmekünstler auch durch Lebensfreude, Tiefgang und einer reflektierten Lebenshaltung. Harald Glööckler ist ein Menschenfreund und setzt sich aktiv für den Naturschutz ein. Neben der Unterstützung von PETA sammelt und spendet der Künstler seit vielen Jahren für Kinder in Not und macht auf Missstände aufmerksam.

Sein Credo: "Jede Frau ist eine Prinzessin" ist Programm: Unter seiner Lifestyle-Luxusmarke POMPÖÖS® kann Prinzessin alles kaufen, was ihr Herz begehrt!

Harald Glööckler proklamiert den romantischen Ansatz: Die Welt ist schöner als sie im ersten Moment erscheint. Der Exzentriker philosophiert über Gott und die Welt, dabei scheut er sich nicht, Missstände konkret anzusprechen.

Art

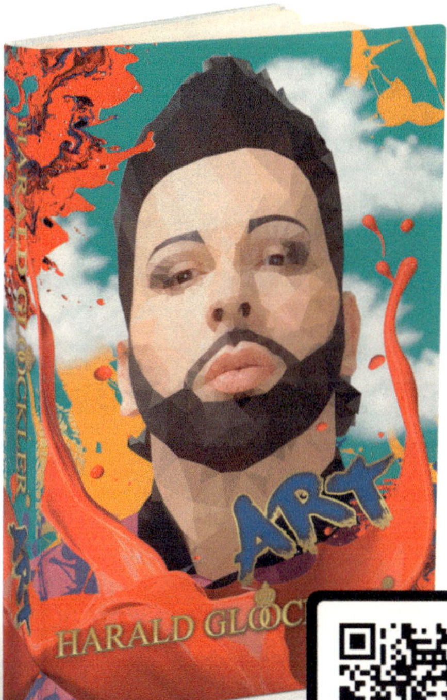

SCAN ME

Doch damit nicht genug: Harald Glööckler ist ebenfalls als Maler und Skulpteur anerkannt und erfolgreich tätig. International renommierte Größen der Kunstszene wie Prof. Dr. Helge Bathelt vom Verein Bildender Kunst und Kultur in Deutschland loben sein Schaffen. Und somit erweist sich Harald Glööckler tatsächlich als wahrhafter Ausnahmekünstler.

Es gibt viele Möglichkeiten, berühmt zu sein oder berühmt zu werden. Entweder man hat irre viel Talent und es wird sehr hart an sich gearbeitet, oder man legt sich auf die Besetzungscouch. Aber dieser Ruhm ist oft schnell vorbei, und die Schande bleibt ...

René Koch

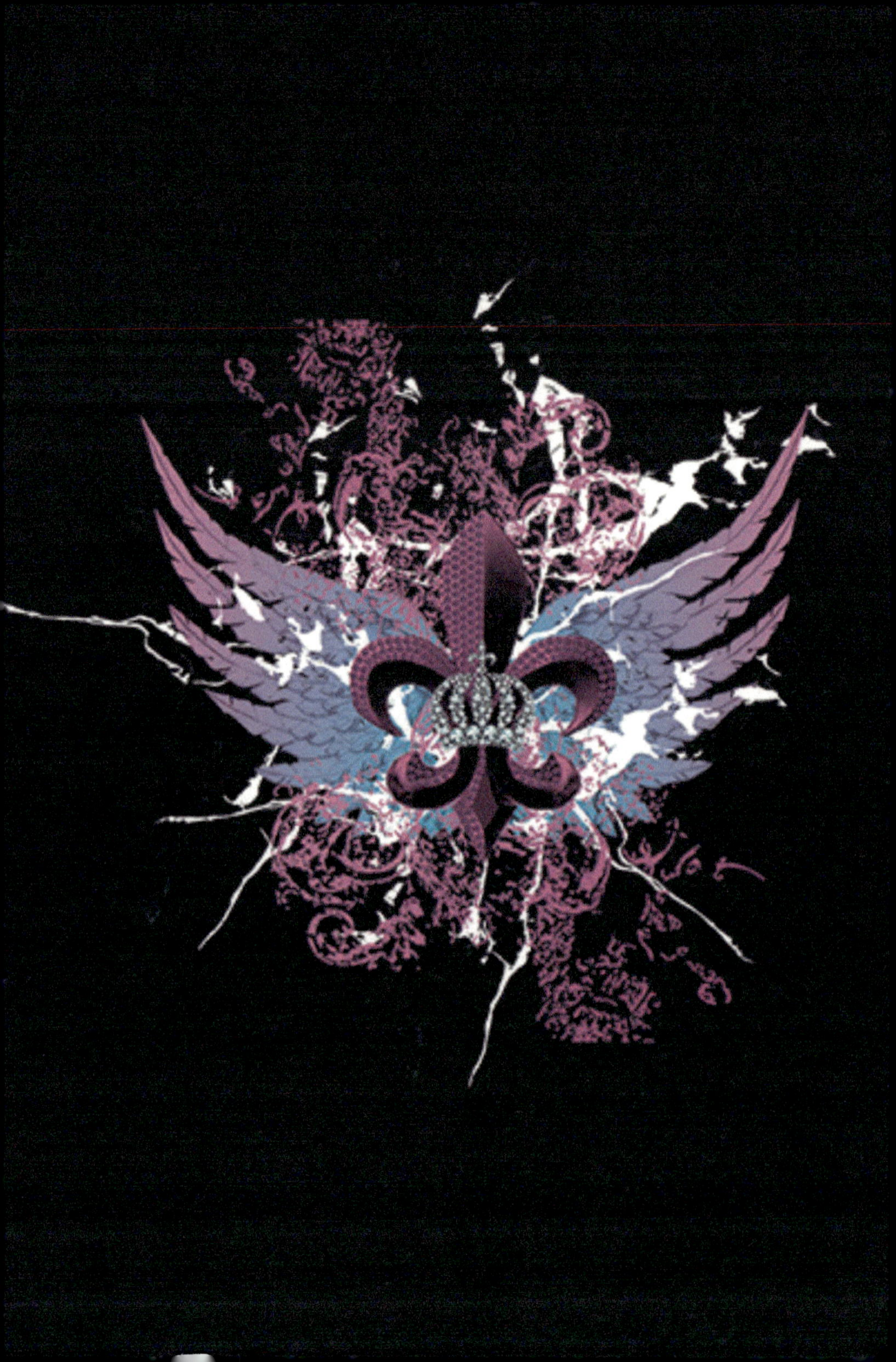

Social Media

@haraldgloeoeckler_official

@musketierverlag

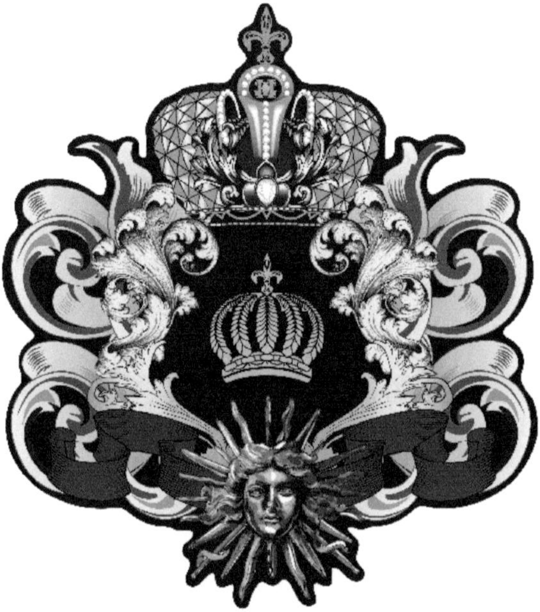